I0030368

FACULTÉ DE DROIT DE BORDEAUX

DU MANDAT

EN DROIT ROMAIN ET EN DROIT FRANÇAIS

THÈSE

POUR LE DOCTORAT

Soutenue le 27 Juillet 1875

Par CAMILLE DIGNAC

Avocat

né à Gujan (Gironde), le 11 Août 1851

BORDEAUX

IMPRIMERIE CENTRALE A. DE LANEFRANQUE

23-25, rue Permentade, 23-25

1875

FACULTÉ DE DROIT DE BORDEAUX

DU MANDAT

EN DROIT ROMAIN ET EN DROIT FRANÇAIS

THÈSE
POUR LE DOCTORAT

Soutenue le 27 Juillet 1875

Par CAMILLE DIGNAC

Avocat

né à Gujan (Gironde), le 11 Août 1851

BORDEAUX

IMPRIMERIE CENTRALE A. DE LANEFRANQUE
23-25, rue Permentade, 23-25

1875

FACULTÉ DE DROIT DE BORDEAUX

A LA MÉMOIRE DE MA MÈRE

———

A LA MÉMOIRE DE MON ONCLE R. DE FRESQUET

PROFESSEUR A LA FACULTÉ DE DROIT D'AIX

CHEVALIER DE LA LÉGION D'HONNEUR

———

A MON PÈRE — A MA TANTE

———

A MES PARENTS ET AMIS

BIBLIOGRAPHIE

I. — DROIT ROMAIN

DE FRESQUET........ Tome II, *Traité élémentaire de Droit Romain.* — *Traité de negotiis gestis.* *Thèse 1844.*

DEMANGEAT.,........ Tome II, — *Cours élémentaire du Droit Romain.*

ORTOLAN........... Tome I et tome III. — *Explication historique des* Institutes.

DOMAT............. *Lois civiles*, Titre XV.

POTHIER........... *Pandectæ Justinianæ*, Liv. XVII, Tit. I, tome I.

J. CUJAS........... *Opera*, tome V. *Mandat.*

R. LE CERF......... *Thèse de Doctorat*, Paris, 25 mars 1872.

G. BESNARD........ *Essai sur les stipulations pour autrui* (Mémoire).

II. — DROIT FRANÇAIS

TROPLONG.......... *Droit civil expliqué*, tome XVI. *Mandat.*

DALLOZ............. *Jurisprudence générale*, tom. XXX. *Mandat.*

DELAMARRE et LEPOITVIN... *Droit Commercial*, tome II. *Commission.*

BERLIER........... *Exposé des motifs de la loi sur le mandat.*

TARRIBLE.......... *Rapport fait au Tribunal au nom de la section de législation sur la loi relative au mandat.*

BERTRAND DE GREUILLE.... *Discours prononcé au Corps législatif sur la loi relative au mandat, dans la séance du 19 ventôse, an XII.*

PREMIÈRE PARTIE

DU MANDAT EN DROIT ROMAIN

DIGESTE, Liv. XVII, Tit. I.
CODE, Liv. IV, Tit. XXXV.
INSTITUTES, Liv. III, Tit. XXVII.

CHAPITRE PREMIER

UTILITÉ, ORIGINE, DÉFINITION, CARACTÈRES ET FORME
DU MANDAT

§ 1. — De l'utilité et de l'origine du mandat.

Le mandat est un de ces contrats que tous les peuples ont
dû connaître et pratiquer. Depuis que la société humaine est
formée, que des rapports de toute sorte existent entre ses
membres, l'homme doit avoir compris l'utilité, senti la nécessité d'agir non-seulement par lui-même, mais encore par
autrui, en se substituant des représentants. (1)

« Les absences, les indispositions et plusieurs autres empêchements font souvent qu'on ne peut vaquer soi-même à

(1) Non enim possumus omnia per nos agere, idcirco amicitiæ
comparantur ut commune commodum mutuis officiis gubernetur. —
(Cicéron, pro Roscio Amerino, 38.)

ses affaires, et, dans ce cas, celui qui ne peut agir choisit une personne à qui il donne pouvoir de faire ce qu'il ferait lui-même, s'il était présent. » (DOMAT, Tit. xv. — *Des procurations, mandements et commissions.*)

L'utilité capitale du mandat, dans les rapports sociaux des individus et des peuples entre eux, lui assurait une durée constante et une prospérité croissante avec les progrès de la civilisation.

Par le mandat, en effet, l'homme peut multiplier sans cesse ses moyens d'action, faire face aux éventualités les plus diverses, vendre en un pays et au même moment acheter par représentants dans une autre contrée, être le même jour demandeur à Rome et défendeur à Carthage, en un mot, réaliser en quelque sorte et dans la mesure de ses besoins ce don d'ubiquité qui semble étranger à l'humaine nature. Telle est l'idée qu'ont exprimée, sous la forme d'une comparaison ingénieuse, les jurisconsultes Delamarre et Lepoityin, quand ils disent : Le mandat est comme le talisman merveilleux par lequel Pythagore était à la fois présent à Crotone et à Métaponte.

Le contrat de mandat, dont l'utilité est si éclatante dans nos sociétés civilisées, n'a pas dû présenter partout et toujours ce même caractère.

Le jurisconsulte Vico (Liv. II, p. 209 de la traduction de Madame de Belgiojoso), a pu dire avec raison qu'à l'origine des peuples, aux temps où l'homme ignorait en quelque sorte l'amitié, on ne pratiquait pas encore ce bienfaisant échange de devoirs et de services qui est le mandat.

Ce contrat, en effet, ainsi que nous le dit Paul, prend sa source dans l'amitié, *originem ex officio atque amicitia trahit.* (L. 1, § 4 D). Il est, suivant l'expression même de M. Troplong, de la famille des contrats désintéressés, où la sympathie rapproche les parties et préside à leurs rapports.

§ II. — Définition.

Le mandat *(mandatum)* peut se définir : Un contrat consensuel par lequel l'une des parties *(mandatarius, procurator)*
s'engage à faire gratuitement quelque chose pour le compte
de l'autre *(mandans, mandator)*.

Le mot *mandatum* vient, suivant l'opinion générale, de *manu
data*. A l'époque primitive de la législation romaine, où le
Droit se pratiquait par gestes, par actes solennels, par dé-
monstrations extérieures, le serrement de main, *manus data*,
était le symbole de la foi jurée.

Plaute nous représente dans l'une de ses comédies une scène
de ce genre. Tyndare adresse une supplique à Philocrate, qu'il
veut charger d'un mandat, en lui pressant la main droite dans
la sienne :

*Hac per dexteram tuam, te dextera retinens manu
Obsecro infidelior mihi ne fias, quam ego sum tibi.*

(CAPTIVI, Acte II, Scène III, V. 82.)

Cette coutume n'est d'ailleurs, ni spéciale au contrat de
mandat, ni particulière au peuple romain. En France, encore
de nos jours, les gens du peuple, dans la conclusion de leurs
marchés, manifestent très souvent leur accord par des serre-
ments de main qui engagent leur bonne foi.

Par le mandat, avons-nous dit, le *procurator* s'engage à
agir pour le compte du mandant. Il ne faut pas perdre de vue
un principe sur lequel nous aurons à revenir, en réglant la situation vis-à-vis des tiers qui ont contracté avec le mandataire, du mandant et de son fondé de pouvoirs, que personne ne
peut s'engager ou stipuler pour autrui.

Unusquisque sibi acquirat quod sua interest, dit Ulpien
(Fr. 38, § 17 D., *de verb. oblig.*, 45, 1.) *De se quemque promit-
tere oportet*, dit Paul (Fr. 83, *proœm. D., de verb. oblig.*) Et

enfin, par une extension naturelle de cette règle qui a pris sa source dans le droit des stipulations, nous trouvons au Code (L. III, *ne uxor pro marito*, IV, 12), cette formule générale qui est la loi de cette importante matière : *certissimum est ex alterius contractu neminem obligari*.

Suivant une énergique expression de M. Besnard, dans son remarquable essai des stipulations pour autrui, chaque individu restait, pour ainsi dire, parqué dans le cercle resserré de ses actes, sans que ceux des tiers pussent l'atteindre.

Dans une législation qui ne se contentait pas de favoriser l'égoïsme, mais qui en faisait en quelque sorte une obligation, une loi pour tous les citoyens, on comprend que l'idée du mandat dut péniblement se faire jour. Un contrat, dont le but, dont la fin dernière était d'obliger, de rendre service, d'agir pour autrui, s'harmonisait peu avec les brutales prescriptions d'une loi aussi égoïste. Le mandat ne fut donc guère en honneur à Rome dans le principe, et quand la nécessité des transactions sociales en imposa et vulgarisa l'usage, cette institution bienfaisante, qui ne vivait que de mutualité de services, de charité, trouva de grandes entraves dans ce que M. Besnard appelle la règle du chacun pour soi. Nous aurons à signaler à chaque pas, dans le cours de notre étude, les grands inconvénients qu'offrait dans la pratique la règle, *nemo alteri stipulari potest*, appliquée à notre contrat; et nous aurons à dire comment le préteur, en face de l'immuable Droit civil, devait intervenir en vue de l'intérêt public compromis par les prescriptions anti-sociales, si je puis dire, des lois primitives, et opposer aux actions directes, interprètes du droit strict, rigoureux, inique, les actions utiles, sauvegardes de l'équité.

§ III. — Caractères et formes du contrat de mandat.

Le mandat, nous l'avons vu, n'est pas un contrat spécial à la législation romaine pas plus qu'à telle autre; et s'il emprunte, comme nous le remarquerons dans le cours de cette étude, en passant dans les lois des Romains, certains caractères particuliers au génie de ce peuple, du moins a-t-il été considéré par tous les grands jurisconsultes de Rome comme un contrat ouvert à tous, comme un contrat du droit des gens.

Une conséquence qui découle tout d'abord de ce caractère remarquable, c'est que les parias du Droit civil (*jus quiritium*), les pérégrins, étaient aptes à contracter un mandat. Ils pouvaient se charger de la gestion des affaires d'autrui ou charger autrui de leurs affaires, c'est-à-dire être mandants ou mandataires. Toutefois, cette aptitude de droit devait être singulièrement restreinte dans la réalité des faits. Le pérégrin, en effet, ne pouvait, par le mandat, être habilité à faire pour le compte d'autrui les actes du pur Droit civil, pour lesquels son incapacité subsistait complète, absolue. Dès lors, dans tout mandat impliquant un besoin de recourir à des actes du Droit quiritaire, le pérégrin se trouvait écarté, étant dans l'impossibilité juridique d'exécuter son mandat.

Sous la législation absolument formaliste des premiers siècles de Rome, la convention nue, le simple concours de volontés étaient inefficaces et n'empruntaient de force obligatoire qu'aux formes solennelles dont ils devaient être revêtus.

Un serrement de main, qui constatait l'accord des parties, ne constituait pour le mandant qu'une garantie morale de l'exécution du contrat. Si le mandataire, peu respectueux de la foi jurée, trompait la confiance du mandant, celui-ci n'avait contre ce mandataire infidèle aucune sanction légale à exercer.

Pour imposer à ce dernier un lien de droit obligatoire, le mandant devait recourir à la *sponsio*, stipulation solennelle exclusivement réservée aux citoyens romains. Quant aux pérégrins, s'ils prenaient des mandataires, la loi romaine, à cette époque, ne leur fournissait aucune garantie ; ils étaient à l'entière discrétion de celui dont ils suivaient la foi.

Bientôt ces entraves disparurent, et le mandat dégagé de ces formalités gênantes et exclusives prit sa place naturelle dans la nomenclature des contrats, parmi les rares contrats consensuels reconnus par la législation romaine.

Obligatio mandati consensu contrahentium consistit. (L. 1, *mandati.*)

L'accord des volontés, le consentement, suffit pour que le mandat soit non plus un pacte nu, mais un contrat muni d'action.

Peu importe, du reste, dans quelle forme le consentement est donné, comment se produit l'accord des parties. Le mandat peut se donner par écrit, par paroles.

Quand le mandat est formé *verbis,* pourvu que la volonté des parties contractantes soit clairement exprimée, il n'est besoin d'aucune formule consacrée.

Sive rogo, sive volo, sive mando, sive alio quocumque verbo scripserit, mandati actio est. (L. 1, § 2, *ibid.*)

Il peut être transmis par messager ou par lettre.

Per nuncium quoque vel per epistolam suscipi potest. (L. 1, § 1, *ibid.*)

Il est même admis, et cette opinion est corroborée par de nombreux textes, que le mandat peut se donner tacitement. Le consentement tacite est présumé existant, quand le mandataire a exécuté et que le mandant a ratifié ou même simplement toléré cette exécution.

Qui non prohibet pro se intervenire, mandare creditur; et si quis ratum habuerit quod gestum est, obstringitur mandati actione. (Ulpien, L. LX, *de reg. juris.*)

Si passus sum aliquem pro me fidejubere vel alias intervenire mandati teneor... (L. VI, § 2, D., *mandati.*)

Qui patitur ab alio mandari, ut sibi credatur, mandare intel-ligitur. (L. XVIII, *ibid.*)

Le mandat n'est pas un de ces *actus legitimi* qui ne comportent aucune modalité et sont viciés par l'adjor... n d'un terme, d'une condition.

Il est, au contraire, susceptible d'être différé jusqu'à une époque déterminée, d'être fait sous condition.

Mandatum et in diem differri et sub conditione contrahi potest. (L. I, § 3.)

En Droit Romain, jusqu'aux innovations de Justinien sur cette matière, il était de principe que ni un droit ni une obligation ne pouvaient prendre directement naissance dans la personne d'un héritier, qu'ils n'eussent reposé, ne fût-ce qu'un seul instant, sur la tête du défunt.

Generaliter placuit ab heredis persona obligationem incipere non posse. (Gaius, C. III, § 158.)

C'est pour obvier aux inconvénients de l'application de ce principe qu'avait été imaginée l'*adstipulatio*.

L'*adstipulator* stipulait la même chose du même débiteur que le créancier principal : il ne stipulait pas *post mortem suam*, mais *post mortem alterius*, ce qui était parfaitement licite.

Dans le mandat, ce principe reçoit son application et malgré certains textes (L. XII, § 17, L. XXVII, § 1, D., *mand.*), qui semblent y déroger, il ne fut jamais permis de donner un mandat *post mortem suam*, s'il n'y avait du vivant du mandant un commencement d'exécution.

Justinien effaça complètement cette prohibition et le mandat *post mortem* fut permis à l'égal des autres.

Les quatre contrats consensuels du Droit Romain (vente, louage, société, mandat), sont rangés dans la classe des contrats synallagmatiques, c'est-à-dire des contrats qui engendrent des obligations réciproques, mais il importe de faire une distinction entre la vente, le louage et la société d'une part, et le mandat de l'autre.

La vente, le louage et la société produisent, dès leur formation, des obligations réciproques ; il ne peut y avoir obligation d'une partie, sans que l'autre soit immédiatement tenue d'une obligation concomitante.

Dans le mandat, au contraire, il n'apparaît de prime abord qu'une seule obligation à la charge du mandataire : celle d'exécuter son mandat et de rendre compte de sa gestion. Mais, si à l'origine le mandataire est seul obligé, il arrive très souvent que, pour des faits de son administration, il ait un recours à exercer contre son mandant.

En vue de ces éventualités, a été établie une action contraire de mandat qui naît non pas avec le contrat lui-même, mais, par la suite, *ex postfacto*.

Le contrat de mandat est donc ce que nos anciens auteurs appelaient un contrat synallagmatique imparfait. Mais les Romains n'avaient pas admis cette sous-distinction, et le mandat était dans leur législation un contrat synallagmatique pur et simple.

CHAPITRE II

CONDITIONS ESSENTIELLES A LA VALIDITÉ DU MANDAT

Nous savons déjà que le consentement, qui est un élément essentiel à tout contrat, suffit pour donner la vie au contrat de mandat. Nous nous bornerons donc à rappeler qu'il est un des éléments constitutifs du contrat dont s'agit.

Nous insisterons plutôt sur les qualités requises dans l'objet même de ce contrat, et aussi sur une autre condition *sine quâ non* du contrat qui nous occupe : la gratuité.

§ Iᵉʳ. — De l'objet du mandat.

La première des conditions que doit remplir l'objet du
mandat, c'est de n'être contraire ni aux lois, ni aux bonnes
mœurs, d'être licite et honnête.

*Rei turpis nullum mandatum est, et ideo hâc actione non
agetur.* (L. VI, § 3.)

Le texte est formel. Si l'objet est honteux, il n'y a pas de
contrat; le mandant ne peut obtenir l'exécution des engagements pris par le mandataire, pas plus que ce dernier ne
peut, s'il a rempli le mandat, recourir contre celui qui l'en
a chargé, du moins par l'action contraire de mandat. Lors
même que l'objet du mandat serait honnête, licite en soi,
il se peut que dans les motifs du contrat se trouve encore
une cause de nullité. Voici sur ce point un exemple très-
concluant : (L. XII, § 11.)

Un jeune libertin vous charge de vous porter fidéjusseur
pour une courtisane ; vous exécutez ce mandat en connaissance de cause, on vous refuse l'action de mandat, c'est
comme si vous aviez voulu de gaîté de cœur faire le sacrifice
de votre argent. Même refus d'action si vous receviez et exé-
cutiez le mandat de prêter de l'argent à une courtisane.

*Si adolescens luxuriosus mandet tibi, ut pro meretrice fide-
iubeas, idque tu sciens mandatum susceperis, non habebis mandati actionem, quia simile est quasi perdituro pecuniam sciens
credideris.*

*Sed et si ulterius directo mandaverit tibi, ut meretrici pecu-
niam credas, non obligabitur mandati; quasi adversus bonam
fidem mandatum sit.* (L. XII, § 11.)

Une telle rigidité de principes, une pareille austérité,
presque de la pruderie, cela peut paraître étrange dans la
législation d'un peuple aussi facile de mœurs que l'étaient

les Romains. Mais il est, au contraire, naturel et louable que quand la dépravation est grande dans les mœurs d'une nation, ses législateurs la régissent par des lois d'une extrême pureté.

Quelle que soit l'immoralité dont l'objet, dont le motif du contrat de mandat sont entachés, si la religion du mandataire a été surprise, et qu'il n'ait pas connu ce vice du contrat, on ne saurait lui imputer à faute la mauvaise foi de son mandant, et, s'il exécute ce mandat vicié, il a contre son mandant le même recours que si le mandat eût été absolument valable.

L'objet du contrat doit être nettement déterminé. Il n'est pas à dire pour cela que le mandant doive tracer ligne par ligne sa conduite à son mandataire. Il peut lui laisser une certaine latitude, lui donner même une complète liberté d'action, pourvu que l'objet même du mandat soit certain, que le but à poursuivre ne soit pas indéterminé.

On ne comprendrait pas qu'une personne pût donner mandat à une autre de gérer une affaire qu'elle serait juridiquement incapable de gérer elle-même. Aussi est-il essentiel que l'affaire qui fait l'objet du mandat soit de celles que le mandant pourrait gérer. Cette règle parfaitement logique est reproduite dans de nombreux textes.

Dans la loi XXII, § 3, à notre titre, Paul expose qu'on ne peut donner mandat d'acheter sa propre chose. *Nam cùm rem tuam emas, nulla emptio est in tua personâ rei tuæ.*

Cependant la loi autorise un débiteur à donner mandat à un tiers d'acheter les biens qu'il a livrés en gage à ses créanciers.

Cette décision est admise par exception, bien que, dit le texte, cela soit contraire à la pure raison.

Licet, quantum ad merum rationem mandatum non constitit.
(L. XXII, § 3.)

Autre décision du même genre dans la loi x, § 4 :

Si quelqu'un charge Titius d'emprunter de l'argent à ses esclaves, Papinien dit qu'il n'aura pas l'action de mandat ; il faudrait supposer qu'on a voulu devenir débiteur de soi-même. Toutefois, dans l'espèce, s'il n'y a pas mandat, Titius n'en est pas moins obligé puisqu'il a emprunté, et il sera tenu à mon endroit de la *condictio certi ex mutuo*.

La loi LIV *pro*, à notre titre, renferme encore une autre application de notre règle et aussi une exception :

Un esclave charge purement et simplement un tiers de l'acheter ; il n'y a pas mandat. Voilà l'application de la règle commune ; voici l'exception :

Le mandat n'a pas eu simplement pour objet la vente, mais l'affranchissement de l'esclave. Celui-ci n'a pas été affranchi par l'acheteur ; le maître vendeur touche son prix ; il peut ensuite par l'action de mandat agir contre l'acheteur pour obtenir l'affranchissement de son esclave, parce que, dit le jurisconsulte, il a un intérêt fondé sur l'affection, car les prudents ont admis qu'on doit, dans les actions de bonne foi, tenir compte d'un intérêt d'affection.

Placuit enim prudentioribus affectus rationem in bonæ fidei judiciis habendum. (L. LIV *pro*.)

Il faut enfin que le mandat puisse être exécuté par le mandataire.

De même que vous ne pouvez en principe charger un tiers d'acheter une chose qui vous appartient, de même vous ne pouvez lui donner mandat d'acheter une chose qui est en sa propriété.

Cependant cette règle, corrélative de la précédente, est aussi confirmée par quelques exceptions.

Paul, d'après Julien, cite dans la loi XXII, § 4, un cas où le mandat d'acheter la propre chose du mandataire est valable.

« Plusieurs héritiers vendent un bien héréditaire; je charge l'un d'entre eux de l'acheter; le mandat vaut même pour sa part héréditaire. *Obligatur mandati actione et obligat.*

» Si, pour remplir son mandat, il a refusé de le vendre à un étranger, il est juste de lui donner de la chose le prix qu'il pouvait en retirer. Mais si comptant sur mon mandataire, je ne me rends pas à la vente de cette chose qui m'est nécessaire, j'ai contre lui l'action *mandati* en réparation de tout le dommage que m'a causé l'inexécution du mandat. »

Relativement à la part de tout autre copropriétaire que le mandataire, la question ne peut faire doute, le mandat est valable. Mais quant à la part dont le mandataire est propriétaire, Africain, moins explicite que Paul, dit « qu'on peut douter, s'il y a lieu à l'action de vente ou à celle de mandat. (*Posse dubitari, utrumne ex empto an mandati, agi oporteat.*) On peut, ajoute-t-il, penser et non sans raison que pour cette part il y a eu vente conditionnelle, vente sous la condition que les autres cohéritiers vendraient aussi leurs parts.

Et le jurisconsulte examine quel intérêt présente la question dans le cas où, au su du mandataire, le mandant vient à mourir. Si néanmoins vous exécutez le mandat, mon héritier sera-t-il tenu envers vous? sinon, le serez-vous envers lui? Si vous voyez dans l'acte dont s'agit une vente conditionnelle, on peut agir, comme si toute autre condition s'était accomplie, après la mort d'une des parties contractantes; si vous y voyez un mandat, vous n'aurez aucune action avec mon héritier, à cause de la résolution du contrat.

Resoluto mandato nullam tibi actionem cum herede meo fore, mais, ajoute-t-il, s'il y avait lieu d'agir par l'action de mandat, cette action produirait les mêmes effets que l'action *ex empto.*

§ II. — Gratuité du mandat.

En parlant de l'origine du mandat, nous avons vu que le mandat était un contrat de bienfaisance, basé sur l'amitié et les devoirs des humains les uns vis-à-vis des autres. De part et d'autre, du côté du mandant comme du côté du mandataire, il y avait confiance entière; à l'origine, nulle garantie que la bonne foi des parties; aucune idée de lucre, aucun esprit de spéculation.

Mais si la gratuité est de la nature du contrat de mandat, est-elle aussi de son essence?

La chose ne fait point doute, et le principe de la gratuité du mandat est formulé de la manière la plus expresse par Paul dans la loi 1, § 4, à notre titre.

Mandatum nisi gratuitum nullum est....... Interveniente enim pecuniâ, res ad locationem et conductionem potius respicit.

Dans les premiers temps de Rome, les affaires étaient peu nombreuses, les voyages, les absences peu fréquents dans un petit peuple encore attaché au sol; par suite, les occasions de recourir à des mandataires se présentaient rarement; les charges du mandat étaient le plus souvent légères et peu onéreuses. On comprend dès lors ce désintéressement facile des personnes amies qui servaient de mandataires.

Mais quand la nation romaine prit ces développements gigantesques, qui finirent par la mettre au premier rang des nations, les affaires, les transactions, les pérégrinations, les besoins de se substituer des représentants se multiplièrent. Il dut être malaisé de trouver des amis disposés à gérer, en pure perte, pour ne bénéficier que de la reconnaissance platonique de leur mandant, des affaires nombreuses, absorbantes et difficiles à administrer.

Dès lors, dans l'intérêt même des mandants qui eussent souffert de la pénurie de mandataires, il fallait apporter un tempérament logique, équitable, au principe rigoureux de la gratuité du mandat.

Aussi la règle de Paul, plus haut exposée, toujours vraie en principe, n'était point, dans la réalité des faits, aussi absolue qu'elle semblait devoir l'être. La gratuité du mandat n'existait plus dans de nombreux cas qu'à l'état de principe abstrait, et des rémunérations en argent pouvaient être octroyées à certains mandataires, sans que la nature du mandat fût altérée, sans que le mandat devînt un louage de services.

On peut, pour ainsi dire, opposer comme contre-règle au principe de la gratuité ce texte d'Ulpien :

Si remunerandi gratiâ honor intercenit, erit mandati actio. (L. VI *pro, mandati.*)

Quant au sens de cette gratification *sui generis* que les jurisconsultes appellent *honor, honorarium,* le même Ulpien nous le donne au titre. *Si mensor falsum modum.* (D., L. XI, T. VI; L. 1 *pro.*)

Il s'agit d'un arpenteur qui s'est employé au mesurage d'un champ. Il a fourni son industrie, *magis beneficii loco,* dit Ulpien, et ce qu'on lui donne est un don rémunératoire, d'où son nom d'honoraires.

De ce texte, il résulte que les services rendus par certaines personnes ne pouvaient faire l'objet d'un louage, ni par suite être payés d'une *merces*; c'est alors que s'appliquait ce mandat en réalité salarié, mais dont le salaire, revêtu du nom d'*honorarium,* n'avait juridiquement aucun rapport avec la *merces* de louage.

Dans le courant de la loi 1 (D., L. L, T. XIII, *de extraord. cognit.*), Ulpien énumère tout au long les professions auxquelles s'applique non plus la *merces,* mais l'*honor.* Il cite d'abord les professions libérales; puis, procédant par énumération, il cite les rhéteurs, les grammairiens, les géomètres *(pro.)*, les médecins (§ 1), les sages-femmes (§ 2), les professeurs de belles-lettres, libraires, notaires, etc. (§ 6), les avocats (§ 11), les nourrices (§ 14).

Il range dans une catégorie spéciale, où ils devaient se trouver riches de considération, mais pauvres d'argent, les philosophes et les professeurs de Droit ; parce qu'avant tout, ils doivent dédaigner toute rémunération de leur travail, que les jurisconsultes décorent à bon droit des épithètes les plus élogieuses, *res religiosa, sanctissima*, mais qu'ils eussent rougi de qualifier de *lucrativa*.

Cependant et fort heureusement pour ces nobles professions, il fut admis que philosophes et jurisconsultes pourraient, sinon solliciter, du moins recevoir, sans déroger à leur dignité professionnelle, une juste rémunération de leurs services.

Quædam enim, tametsi honeste accipiantur, inhoneste tamen petuntur. (L. 1, § 5, *in fine, de extraord. cognit.*)

En résumé, les professions dont les services ne peuvent être l'objet d'un louage sont, outre les professions libérales, certaines autres qu'on peut appeler philanthropiques, parmi lesquelles l'*alimonia infantium*.

Cette énumération doit-elle être considérée comme explicative ou simplement limitative? Nous nous trouvons en matière d'exception, de dérogation à un principe général ; il faut donc décider qu'en dehors des cas prévus et formellement exprimés dans le texte, une rémunération pécuniaire sera une *merces* et non plus l'*honorarium*, par suite que le mandat dégénérera en louage de services.

C'est ainsi que le silence du texte précité en ce qui concerne les arts, tels que la peinture et la musique, doit s'interpréter contre ces professions si honorées de nos jours.

La Grèce avait prêché aux Romains le respect ou plus encore la vénération pour les Parrhasius et les Apelle. Mais le peuple-roi, qui entourait d'une considération profonde le travail de l'arpenteur, n'avait qu'un dédain superbe pour les carrières artistiques. Une nourrice recevait des honoraires ; un peintre, un musicien n'étaient que des mercenaires.

En résumé, toute profession salariée n'est, en Droit Romain, qu'un louage de services, à moins qu'un texte exprès ne fasse échec à cette règle générale. Telles sont les nombreuses exceptions consacrées dans la loi I, *de extra. cognit.* Tel est encore le cas du proxénète ou courtier, dont le salaire décoré du nom de *proxeneticon* ou de *philanthropia*, était traité comme l'honoraire des avocats, des médecins et professeurs. (Ulpien, L. I et II, § 1, D., *de proxenetico.*)

Valère Maxime s'indigne qu'un Fabius, surnommé Pictor, comme par mépris, se soit adonné à des travaux avilissants, *sordidis studiis deditum ingenium.* (VIII., 14, 6.)

(Voir encore Ulpien, L. V, § 2, D., *de præscript. verb.*)

De même pour les professions industrielles, il n'est pas moins difficile de s'expliquer, avec la raison seule, pourquoi les Romains les distinguaient toujours et en les classant bien au-dessous des professions énumérées dans la loi I, D., *de extraord. cognit.*

Mais l'observation la plus superficielle des mœurs et coutumes de la nation romaine nous fait connaître la raison historique de ces singulières distinctions.

A Rome, en effet, on abandonnait aux affranchis et aux esclaves ces carrières entachées d'une grande déconsidération, de même que, plus tard et jusqu'au milieu du XVIIe siècle, la noblesse française laissa aux roturiers le monopole lucratif des professions industrielles et commerciales, de crainte de déroger.

Certains auteurs, parmi lesquels M. Troplong (nos 156-157), disent qu'il importe de bien préciser à quel moment l'*honorarium* est promis ou donné. D'après M. Troplong, l'*honorarium* ne peut être promis que *ex postfacto*. Si la promesse est faite à l'origine du mandat, le mandat est vicié; il y a louage de services.

Cette opinion, généralement repoussée, s'appuie sur un texte d'Ulpien, visant l'hypothèse suivante : (L. XIII *pro.*, D., *de præscr. verb.*; L. XIX, T. v.)

Une personne est chargée de vendre un objet pour un prix fixé d'avance, sauf à profiter du surplus, si elle le vend plus cher. Le jurisconsulte dit qu'il y a lieu à une action *præscriptis verbis*, et non à une action de mandat.

En effet, après controverses, pour effacer toute incertitude sur la question de savoir s'il y avait, dans l'espèce, vente ou mandat, on reconnut à ce contrat, souvent appelé par nos commentateurs du Droit Romain contrat estimatoire, les caractères d'un contrat formé *re* et n'ayant pas de nom juridique. Ce fut dès lors un contrat innommé, et non un mandat.

Ainsi, cette opinion de M. Troplong, ne reposant que sur une interprétation erronée d'un texte étranger à la question, doit être repoussée. Il existe d'ailleurs des textes où les honoraires sont promis antérieurement au contrat. (Voir L. VI, § 7, D., *mandati*; L. LVI, § 3, *cod. tit.*)

A la suite de cette courte étude sur le mandat salarié, nous devons signaler un caractère tout spécial et exceptionnel que présentait à Rome, sous le système formulaire, l'action par laquelle on réclamait les honoraires en justice. C'était, dans les provinces, devant le président, à Rome, devant le préteur, que se portaient les réclamations de ce genre, et non suivant la loi commune, devant le *judex*. Il y avait lieu à ce qu'on appelait une *cognitio extraordinaria*. On sait que ce qui était l'exception, sous le système formulaire, devint la règle dans le dernier état du droit, sous le système extraordinaire.

Il nous reste à déterminer en quelques mots quels actes ne peuvent faire l'objet d'un louage, et ne peuvent s'accomplir qu'en vertu d'un mandat.

En premier lieu, citons l'affranchissement d'un esclave. — *Tale est factum quod locari non possit, puta, ut servum manumittas.* (Paul, L. v, § 2, D., *præscrip. verb.*)

Et encore, même loi, § 4, le mandat de poursuivre un débiteur pour le paiement de sa dette. Ces deux actes constituent-ils les seules exceptions au principe que tout acte en général peut faire l'objet d'un mandat, ou ne sont-ils cités qu'à titre d'exemple? Cette dernière idée nous semble vraie, car il est d'autres actes de ce genre, la fidéjussion par exemple, qui font l'objet d'un mandat, mais ne peuvent jamais être considérés comme des louages de services.

CHAPITRE III

DES DIVERSES ESPÈCES DE MANDATS

Nous distinguons plusieurs espèces de mandats, au point de vue de leur objet, de leur étendue et des personnes qui s'y trouvent intéressées.

L'objet du mandat peut être un procès, une contestation judiciaire ou une affaire extra-judiciaire. Nous avons donc, en Droit Romain, le *mandatum ad litem*, dont nous parlerons spécialement dans la suite, et le mandat ordinaire dont nous nous sommes exclusivement occupé jusqu'ici, nommé par les jurisconsultes *mandatum ad negotia*.

C'est en les rapportant à cette dernière espèce de mandat que nous allons examiner succinctement les autres divisions dont nous avons parlé : 1° au point de vue de l'étendue du

mandat; 2° au point de vue des personnes qui y sont intéressées.

§ I. — Au point de vue de l'étendue.

Les parties étant libres d'adopter telles conventions que bon
leur semble, on comprend que l'étendue des pouvoirs du
mandataire puisse être fixée de bien des manières, être renfermée dans des limites variables à l'infini.

Aussi ne prétendons-nous pas, en énonçant cette règle
« *procurator vel omnium rerum vel unius rei esse potest,* » présenter le mandat sous toutes ses faces, embrasser toutes les
espèces de mandats.

Mais on peut ramener ces nombreuses variétés de mandats
à deux types principaux, qui étaient les modes les plus
remarquables, les plus usuels de contracter un mandat, *aut
unius rei, aut totorum bonorum.*

Le mandat *unius rei* ne présente aucune difficulté. Relativement à l'unique affaire dont il est chargé, le mandataire
peut être muni de pleins pouvoirs, jouir d'une *libera administratio,* mais sans jamais sortir de l'objet unique de son
mandat.

Quelques jurisconsultes, parmi lesquels Pomponius, vou-
laient assimiler le rôle du *procurator unius rei* à celui du
simple porteur d'une lettre, d'un message renfermant un
mandat, et lui déniaient le titre de mandataire. Mais Ulpien
dit, avec raison, que pour n'être chargé que d'une affaire unique, on n'en est pas moins un mandataire. (L. 1, § 1, *in fine,
de procur. et defens.* D., 3-3.) Ne se peut-il, en effet, que la
seule affaire, qui fait l'objet du mandat, présente plus de difficultés et plus d'intérêt que les affaires multiples dont se
charge un *procurator totum bonorum ?*

Au sujet du mandat *omnium rerum*, une grosse question a été débattue et diversement résolue.

Pothier prétend établir une distinction bien tranchée entre le *procurator omnium bonorum* pur et simple et celui constitué *cum libera administratione*. Dans une opinion contraire, préconisée par Cujas (T. v, p. 1175), cette différence s'efface et une synonymie complète existe entre ces expressions des textes : *procurator totum bonorum* et *procurator cui libera administratio rerum omnium permissa est*.

Pothier dit, à l'appui de sa thèse, que Modestin (L. LXIII, D., *de procur. et defens.*) trace l'étendue des pouvoirs du *procurator*, qu'il limite en résumé à des actes de pure administration. Il ne peut *res domini neque mobiles vel immobiles, neque servos sine speciali domini mandato alienare nisi fructus aut alias res quœ facile corrumpi possunt*. Il ne peut transiger (L. LX, *cod. tit.*)

Pour le *procurator* au contraire, *cui generaliter libera administratio rerum commissa est*, il est des pouvoirs bien plus étendus.

Il peut *exigere, aliud pro alio permutare ; solvere creditoribus*. (L. LVIII, L. LIX, *eod. tit.*)

A cela, les partisans de l'opinion opposée répondent avec raison que des pouvoirs semblables sont reconnus par différents textes à celui qui a un *mandatum generale* purement et simplement. Ainsi, *si expediat, potest novare* (L. XX, § 1, D., *de nov.*), *solvi ei potest* (L. XI, *de pactis*, D.), *et solvere* (L. LXXXVII, *de solut.* D.), *rem domini in judicium deducere* (L. XXII, D., *de adminis. tut.*), Pothier croit trouver un argument décisif dans la loi IX, *de acquir. rer. dom.*, où il est dit que le mandataire *cum libera administratione* peut vendre et livrer l'une des choses confiées à sa bonne foi.

Ce pouvoir de vendre et de livrer une des choses confiées à la *libera administratio* du *procurator totorum bonorum* n'est, d'après les partisans de l'opinion adverse, qu'un droit éventuel naissant *ex postfacto*, et seulement s'il est exigé par les besoins d'une bonne administration. Et nous ne voyons pas, disent-ils avec raison, pourquoi un mandataire de tous biens n'aurait pas le droit de consentir de pareilles aliénations, qui ne sont après tout que des actes d'une administration bien entendue? La véritable règle sur ce point paraît être celle que donne la loi XII, D., *de curat fur.*

Le pouvoir d'aliéner existe en principe, *quatenus negotiorum exigit administratio.*

§ II. — Au point de vue des personnes qui s'y trouvent intéressées.

Nous avons exposé déjà qu'il ne saurait y avoir mandat là où les deux parties ne sont peu ou prou intéressées à l'exécution.

Quant à la nature de cet intérêt, elle nous est également connue; il suffit dans les contrats de bonne foi, comme le mandat, que chacun des contractants ait simplement un intérêt moral, *affectûs ratio.*

Il est aussi à notre connaissance, que si un intérêt pécuniaire peut être la conséquence, la récompense des services rendus par le mandataire, il répugne à la nature essentiellement gratuite du mandat que le mandataire n'ait en vue que cet intérêt matériel, et que, sans souci aucun de l'intérêt de son mandant, il n'ait vu dans l'accomplissement de son mandat qu'un moyen d'enrichissement, un but de spéculation lucrative.

A l'aide de ces données générales, qu'il ne faut pas perdre de vue, nous pouvons rechercher dans l'intérêt de quelles personnes le mandat peut être contracté.

Justinien, dans ses *Institutes* (L. III, T. XXVI, *pro.*), nous donne sur ce point une division extraite littéralement du *Comment.* III *des Inst.* de Gaius, § 155.

D'après ces textes, le mandat peut se contracter dans l'intérêt :

1° Du mandant seul;

2° Du mandant et du mandataire;

3° Du mandant et d'un tiers;

4° Du mandataire et d'un tiers;

5° D'un tiers seul;

Et, en dernier lieu, et en faisant des réserves sur lesquelles nous aurons à nous expliquer, dans l'intérêt du mandataire seul.

I. — Le mandat, dans l'intérêt unique du mandant, est le plus commun; c'est même, on peut le dire, le vrai type du mandat, celui qui remplit le mieux le but que s'est proposé le législateur en établissant ce contrat.

Nous n'avons à présenter ici aucune observation particulière. Citons seulement, avec Gaius, § 155, et Justinien, C. III, quelques cas de ce mandat : *Veluti si quis tibi mandet ut negotia ejus geras, velut fundum ei emas, velut pro eo spondeas.*

II. — Sur la seconde espèce de mandat (dans l'intérêt du mandant et du mandataire), le texte nous fournit plusieurs exemples qu'il est bon d'examiner :

1° Je vous charge de prêter de l'argent à intérêts à une personne qui l'emprunte pour une affaire qui me touche.

L'intérêt respectif des deux parties contractantes est manifeste. D'une part, l'argent du mandataire produit des fruits, des intérêts ; de l'autre, cet argent est destiné à une affaire qui est dans l'intérêt du mandant.

2° *Si volente te agere cum eo ex fidejussoria causâ, tibi mandet ut cum reo agas periculo mandantis.*

C'est là un cas de ce qu'on appelle, en Droit Romain, la *fidejussio indemnitatis.*

Je me suis porté fidéjusseur et vous me poursuivez de ce chef; je vous charge de poursuivre à mes risques et périls le créancier principal.

Voici comment se décompose, dans l'espèce, l'intérêt de chaque contractant.

On sait que le créancier peut poursuivre indistinctement soit le débiteur principal, soit les fidéjusseurs, mais il est de principe que : *electione unius cateri liberantur*. Donc, s'il fait choix du fidéjusseur, et qu'il déduise tout son droit en justice, il n'a plus aucun recours à exercer contre le débiteur principal.

Dans le cas présent, le fidéjusseur prévient les poursuites, en donnant mandat au créancier qui consent, de poursuivre d'abord le débiteur principal, sauf à répéter par l'action *mandati contraria* ce dont il n'aura pas été payé.

L'intérêt du mandataire est manifeste ; au lieu d'un seul débiteur, le fidéjusseur, il en a deux : le débiteur principal et le fidéjusseur. Il prévient ainsi les inconvénients considérables que présentait, dans la pratique des affaires, l'effet extinctif de la *litis contestatio*.

Quant au fidéjusseur, le mandant, il a un intérêt double qui se résume dans cette maxime de droit : *melius est non solvere quam solutum repetere*. Dans tous les cas, fût-il obligé de payer, il aurait toujours gagné du temps, et c'est souvent un précieux avantage pour un débiteur.

L'hypothèse que nous venons d'examiner ne présenta plus d'intérêt dès le jour où Justinien eut aboli l'effet consomptif de la *litis contestatio*, et admis en faveur des fidéjusseurs le bénéfice de discussion.

3° La troisième espèce que vise le § 2, *Inst.*, à notre titre, présente une grande analogie avec la précédente.

Je vous donne mandat de stipuler à mes risques et périls, de mon débiteur que je vous délègue, le montant de ma dette.

Là encore l'intérêt du mandataire est, comme dans la dernière hypothèse, d'avoir deux débiteurs (débiteur principal et débiteur délégué), au lieu d'un. Si, en effet, mon débiteur, que je vous ai délégué, est insolvable ou ne vous paie que partiellement, vous avez l'action contraire de mandat pour me réclamer votre dû. Le mandant, de son côté, a eu l'avantage d'éteindre, suivant une expression vulgaire, sans bourse délier, la dette dont il était grevé.

III.— Il y a mandat dans l'intérêt du mandant et d'un tiers lorsque, disent les *Institutes,* § 4, je vous charge de gérer des affaires communes à Titius et à moi, d'acheter un fonds pour Titius et pour moi, ou de nous cautionner l'un et l'autre.

Nous n'insistons pas sur ces cas de mandat, qui ne présentent aucune difficulté.

IV.— L'exemple d'un mandat formé dans l'intérêt commun du mandataire et d'un tiers nous est donné par Justinien. (*Inst.* C III, § .)

Je vous charge de prêter de l'argent à Titius à intérêts. Si le prêt était sans intérêts, le mandat ne serait plus qu'au profit d'un tiers, mais l'intérêt de la question serait le même au point de vue des observations que nous avons à présenter, sur les deux dernières espèces de mandats, et, en général, sur tout mandat où l'intérêt du mandant n'existe pas et devrait exister. Nous ne dirons rien de particulier sur cette quatrième variété de mandat, nous reportant purement et simplement à ce que nous allons dire ci-après du mandat contracté dans l'intérêt unique d'un tiers.

V.— Je vous charge de gérer les affaires de Titius, de lui acheter un fonds, de le cautionner; tels sont les exemples que les *Institutes* nous donnent des mandats contractés dans l'intérêt exclusif d'un tiers. (C. III, § 3.)

Le texte sur cette matière ne présente aucune observation

particulière. Cependant l'examen le plus superficiel de cette délicate question fait surgir dans notre esprit les difficultés les plus sérieuses.

Il nous suffit d'évoquer les principes les plus élémentaires en matière de contrats en général, et de mandat en particulier, pour nous heurter, dans le cas présent, à d'étranges anomalies.

Et d'abord, tout contrat est muni d'action ; la condition vitale, le mobile de toute action, c'est l'intérêt que la personne, qui prétend l'exercer, doit y trouver, intérêt pécuniaire dans les actions de droit strict, ou simplement moral dans les actions de bonne foi.

Ici, nous sommes en face d'un contrat consensuel ; voyons quelle est la situation juridique des deux parties, après l'échange des consentements.

Le mandant peut-il obliger le mandataire à exécuter ses engagements ? Non, car il n'a aucun intérêt à cette exécution, par suite, aucune action. Qu'il ait un intérêt même minime, matériel ou moral, d'argent ou d'affection, le contrat est aussitôt vivifié, mais, dès lors, ce n'est plus un mandat dans l'intérêt exclusif d'un tiers ; il est dans l'intérêt commun du mandant et d'un tiers.

Donc, en restant dans l'espèce d'un soi-disant mandat au profit d'un tiers seul, nous pouvons dire qu'après l'échange des consentements, contrairement à la nature éminemment consensuelle du mandat, il n'y a qu'un pacte nu, une simple convention de formée, mais non un contrat. Aucun lien de droit, aucune action n'existe encore pour ou contre l'une des parties, et il n'est point de contrat qui ne lie *ab initio* au moins une des parties contractantes.

L'élément essentiel qui manque à ce mandat pour qu'il soit valable, c'est l'intérêt qu'y doit nécessairement avoir le mandant. Aussitôt l'intérêt du mandant formé, introduit dans le mandat, celui-ci est parfait. C'est ce qui arrive, dès que le mandataire, dont l'action ne peut être sollicitée par aucune force juridique, aura de plein gré exécuté le mandat. Le mandant, en effet, se trouvant responsable vis-à-vis du mandataire et aussi comme gérant d'affaires vis-à-vis de Titius, a un intérêt réel, par conséquent une action.

Mais, objectera-t-on, s'il faut pour que ce mandat soit parfait, comme *causa civilis* du contrat, son exécution par une partie, ce n'est plus là un contrat consensuel, mais bien un contrat réel. C'est une de ces conventions obligatoires, mais sans nom juridique, classées dans la catégorie des contrats dits innommés et donnant lieu à l'action commune des contrats de ce genre, l'action *præscriptis verbis*. Donc, dans l'espèce, nous devrions donner l'action *præscriptis verbis*.

Cependant, voici un texte très-explicite qui peut être considéré comme faisant règle sur cette question, et où il n'est nullement question de l'action *præscriptis verbis*, mais de l'action de mandat.

Mandati actio tunc competit, cùm cæpit interesse ejus qui mandavit : cæterùm si nihil interest, cessat mandati actio et catenùs competit quatenùs interest. (L. VIII, § 6, Ulpien, *mandati.*)

Avant de rechercher l'explication de cette apparente antinomie, nous devons observer que cette question a un intérêt purement théorique, mais nul en pratique, car l'action *præscriptus verbis* produira, dans l'espèce, les mêmes résultats que l'action de mandat.

On peut répondre à l'objection soulevée ci-dessus, que ce n'est pas l'exécution du contrat par l'une des parties qui en est la véritable *causa civilis*, et que l'existence de l'action *mandati* n'est pas intimement liée à cette exécution facultative du mandat par le mandataire.

On peut même affirmer que l'action de mandat existe *ab*

initio, mais encore à l'état latent ; de virtuelle, d'inefficace qu'elle était en principe, elle devient réelle et efficace, dès qu'un événement quelconque, même indépendant de la volonté des deux parties contractantes, crée, met en évidence l'intérêt du mandant dans le contrat.

La source vraie de l'action de mandat est donc encore ici l'accord des volontés; mais cette action ne se manifeste, comme utile et opposable en justice, que du jour où naît dans le contrat l'intérêt du mandant.

En résumé, on peut soutenir qu'il n'existe pas, à proprement parler, de mandat dans l'intérêt exclusif d'un tiers ; car, ainsi que nous venons de le voir, le mandat n'est parfait que s'il naît un' intérêt pour le mandant, c'est-à-dire dès l'instant où ce mandat rentre dans la catégorie de ceux contractés dans l'intérêt à la fois du mandant et du tiers.

VI.— A ne consulter que le § 155, C. III, de Gaius, ou les *Institutes* de Justinien *(mandat, pro.)*, le mandat dans l'intérêt exclusif du mandataire n'est pas un mandat.

Supervacuum est mandatum et ob id nulla ex eo obligatio nascitur.

Ainsi, pour emprunter aux *Institutes* les exemples sur lesquels elles raisonnent : *Supervacuum est mandatum,* quand je vous donne mandat d'acheter plutôt des fonds de terre que de placer votre argent à intérêts, ou réciproquement. C'est là, dit Justinien, plutôt un simple conseil qu'un mandat, et ce conseil vous eût-il préjudicié, vous ne pouvez vous en prendre qu'à vous-même d'avoir accueilli un cônseil que vous pouviez repousser.

Dans l'espèce, en effet : *tu tuâ gratiâ facturus sis, id ex tuâ sententiâ, non ex meo mandato facere videberis.*

Il est vrai de dire que si, à dessein, je vous pousse à une entreprise qui vous est dommageable, vous pourrez m'imputer non pas le fait même de m'avoir conseillé, mais la fraude dont mon conseil s'est compliqué, et arguer contre moi non de l'action de mandat, ce qui eût visé le conseil lui-même, mais de l'action de dol, ce qui frappe la fraude.

Cependant, il est des exceptions à la règle qu'un conseil n'est pas un mandat. S'il est constant que le mandataire s'est déterminé à agir sous la seule influence du conseil à lui donné, il est juste que la responsabilité soit encourue par ce mauvais conseiller. Sans doute, on aurait pu dédaigner ses avis, mais le plus coupable, par suite, le plus responsable, n'est-il pas celui qui a eu la première idée du mal, qui l'a fait germer dans l'esprit d'un autre ? et cet autre, ainsi captivé, n'a-t-il pas été plutôt l'instrument que l'auteur de cette mauvaise résolution ? C'est ce principe d'équité qu'Ulpien consacre expressément en ces termes : *Si non esses facturus nisi ego mandassem etsi mea non interfuit, tamen erit mandati actio.* (L. VI, § 5, *mandati.*)

Nous nous arrêterons quelques instants à l'examen d'un mandat spécial, connu en Droit Romain sous le nom de mandat *pecuniæ credendæ,* et qui n'est à vrai dire qu'un exemple remarquable de l'application du principe d'Ulpien que nous venons d'énoncer. On présume, on admet comme prouvé, que c'est sous l'impulsion unique du conseil du *mandator* que le *procurator pecuniæ credendæ* a prêté son argent.

Justinien, d'après Gaius, nous apprend que c'est après de grandes controverses que ce mandat a été validé. C'est en dépit de l'opinion contraire des Proculéiens qu'on a donné force obligatoire au mandat en question, suivant la doctrine de l'École Sabinienne, (*Inst.,* § 6, *mandat.*)

Les Proculéiens disaient avec raison que l'opération du *mandatum pecuniæ credendæ* n'offrait aucun intérêt pour le mandant ; mais ce mandat présentait une grande utilité pratique, et c'est pourquoi la logique des principes fut écartée en cette matière.

En effet, par le *mandatum pecuniæ credendæ,* on put cautionner de loin, *inter absentes,* la dette d'autrui, au lieu d'avoir à recourir comme auparavant à des cautionnements où votre intervention directe, personnelle, était rigoureusement exigée.

Le *mandatum pecuniæ credendæ* est souvent assimilé au contrat de fidéjussion. Au Digeste (Liv. XLVI), au Code (L. VIII, T. XLI) et dans la Novelle IV de Justinien, cette question connexe est traitée sous cette rubrique significative : *De fidejussoribus et mandatoribus.*

Mais cette assimilation ne doit pas être poussée trop loin. Sans doute, ce mandat a, avec la fidéjussion, de nombreux points de ressemblance, mais des différences multiples les distinguent et les séparent.

Le *mandatum pecuniæ credendæ* est voisin de la fidéjussion, en ce qu'il est comme elle un mode d'*intercessio.* Les prohibitions du Senatus-consulte Velléien, s'appliquant à toute *intercessio,* sont communes à la fidéjussion et au mandat dont nous parlons. Comme dans le cas de fidéjussion, le préteur *(procurator pecuniæ credendæ)* a deux débiteurs : le débiteur principal tenu de l'action *ex stipulatu* ou de la *condictio certi ex mutuo,* et le *mandator pecuniæ credendæ* tenu de l'action *mandati contraria.* De même que les fidéjusseurs, les *mandatores pec. cred.* ont joui, au fur et à mesure de leur introduction dans le Droit Romain, des bénéfices de division, de cession d'actions et de discussion.

A ces analogies remarquables, que nous venons de signaler, s'opposent des différences aussi nombreuses, aussi saillantes, que nous devons également exposer :

1° Le mandat est un contrat consensuel ; la fidéjussion est un contrat verbal, et, par suite, ne peut se former *inter absentes* comme le *mandatum pecuniæ credendæ.*

2° La fidéjussion est parfois concomitante, le plus souvent

postérieure au contrat principal, tandis que notre mandat ne pouvait être qu'antérieur au contrat de prêt, *antequam pecunia crederetur.*

3° Le préteur traite plus favorablement le fidéjusseur que le *mandator pecuniæ credendæ*, quand ils sollicitent l'un et l'autre les bénéfices extraordinaires dont pourrait se prévaloir le débiteur principal.

Un mineur de vingt-cinq ans s'est fait restituer *in integrum* contre un créancier. Celui-ci, suivant que le mineur aura un *mandator pecuniæ credendæ* ou un fidéjusseur, pourra se retourner contre ces débiteurs, mais avec des chances inégales.

Le fidéjusseur peut, en plusieurs cas, se faire associer un bénéfice de la *restitutio in integrum*, parce qu'il est intervenu dans l'affaire, presque toujours après la consommation du prêt ou tout au moins sur les sollicitations de la personne qu'il a cautionnée. On comprendrait moins que le *mandator pecuniæ credendæ*, qui a été à vrai dire l'instigateur du prêt, le conseiller de l'affaire, la source du préjudice, pût dégager aussi aisément sa responsabilité. C'est ce qu'exprime ce texte d'Ulpien : *Facilius in mandatore dicendum erit non debere ei subvenire: hic enim velut adjirmator fuit et suasor ut cum minore contraheretur.* (L. XIII pr., D., de minor, L. IV, T. IV.)

4° Les obligations du fidéjusseur et du débiteur principal sont intimement liées. Le fidéjusseur est tenu de la même dette que le *reus*, et, en principe, on ne peut poursuivre l'un sans libérer l'autre incontinent. *Electione unius cæteri liberantur.*

Mais, dans tous les cas, les obligations du *mandator* et du *reus* étant tout à fait distinctes, les poursuites dirigées contre ce dernier ne libèrent jamais le *mandator pecuniæ credendæ;* ce n'est pas, en effet, le cas d'appliquer la règle : *bis de eadem re agi non potest.*

5° La différence que nous signalons ici est la conséquence de la précédente.

En vertu du principe de la consomption de l'action, *litis contestatione,* dès qu'on était arrivé à cette période du procès, le fidéjusseur ne pouvait plus réclamer et obtenir du créancier poursuivant la cession des actions qu'il avait contre le débiteur principal et les autres fidéjusseurs.

Mais il n'en est pas de même pour le *mandator;* la *litis contestatio,* intervenue entre l'*actor* et le *reus,* ne change en rien sa situation juridique. Et non-seulement la *litis contestatio* ne le prive pas du droit d'obtenir le bénéfice de cession d'actions, mais il peut encore le réclamer après la condamnation, même après qu'il a effectué le paiement et désintéressé son créancier. Il ne faut pas oublier, en effet, que le mandant, poursuivi par l'action contraire de mandat et de ce chef condamné, peut réclamer la cession de l'action que le créancier a contre le débiteur principal, la *condictio certi ex mutuo,* qui n'a pas été déduite en justice et qui peut conséquemment être cédée.

6° Une autre différence qui découle du même principe, c'est que le créancier, s'il y a plusieurs fidéjusseurs, ne peut, en principe, en poursuivre qu'un, la *litis contestatio* avec celui-là libérant les autres ; mais s'il y a plusieurs co-mandants, il peut les poursuivre successivement, jusqu'à parfait paiement.

Plures ejusdem pecuniæ credendæ mandatores, si unus judicio eligatur, absolutione quoque secuta, non liberantur, sed omnes liberantur pecunia soluta.

Cette différence tient aux caractères respectifs des contrats de fidéjussion et de mandat. Le premier étant de droit strict, on y interprète rigoureusement les engagements pris par les parties, et on applique les principes, sans souci de l'équité. Les principes disent : *electione unius cæteri liberantur.* L'équité doit dire : *solutione tantum cæteri liberantur.* Aussi, quand nous sommes dans les contrats de bonne foi, comme le mandat, l'équité l'emporte, et il est vrai de dire que c'est le paiement seul de la dette, et non le choix du débiteur poursuivi qui libère les autres codébiteurs.

7° C'est encore au caractère de contrat strict, dans la fidéjussion de bonne foi dans le mandat, que se réfère la dernière différence que nous signalons entre ces deux contrats.

Si le fidéjusseur poursuivi réclame la cession d'actions, peu importe que le créancier se soit mis par sa faute dans l'impossibilité de les céder, le fidéjusseur est néanmoins tenu de payer intégralement. Ainsi, le créancier eût-il libéré le débiteur principal par un pacte de *non petendo in personam*, le fidéjusseur, autre débiteur principal, mais non libéré, devra, sans soulever aucune objection contre ce pacte de remise, acquitter la dette cautionnée par lui. En un mot, le fidéjusseur n'a le droit de réclamer que les actions appartenant encore au créancier lors de la *litis contestatio*. Au contraire, le mandat, contrat consensuel, doit être interprété *ex æquo et bono*. Le mandataire, tenu de gérer en bon père de famille, devait conserver avec soin, pour les céder au mandant, toutes ses actions; s'il en a perdu par sa faute, il n'a pas rempli son obligation, et vous n'êtes tenu d'exécuter la vôtre que dans la proportion où lui-même a exécuté la sienne. Il appartiendra au juge d'apprécier *bonâ fide* dans quelle mesure le mandataire a manqué à ses obligations, et, par suite, vous a dégagé des vôtres.

Cette idée reçoit une application particulière dans le texte suivant, où Papinien suppose que l'*actor* a perdu, par plus pétition, son action contre le *reus*.

Si creditor a debitore culpâ suâ, causâ ecciderit, prope est ut actione mandati nihil a mandatore consequi debeat, cùm ipsius vitio acciderit, ne mandatori possit actionibus cedere. (L. ve, § 11, D., *de solutionibus*.)

§ III. — Du mandat judiciaire.

Les mêmes causes, qui avaient fait admettre le mandat extra-judiciaire, militaient en faveur du mandat *ad litem... Et morbus et ætas et necessaria peregrinatio, itemque aliæ multæ causæ.* (*Inst.*, L. IV, T. X.)

Il est remarquable de suivre les progrès de la législation romaine, sur cette matière de la représentation judiciaire.

Sous le système procédurier des actions de la loi, il est de principe que : *nemo alieno nomine lege agere potest.* (L. CXXIII pr., D., *de reg. jur.*) Mais il fallut bien admettre tout d'abord quelques exceptions impérieusement exigées, par suite de l'impossibilité radicale où se trouvaient certains possesseurs de droits, de les défendre par eux-mêmes.

C'est ainsi que, dès les premiers temps de Rome, on put agir en justice *pro populo*, et, par ce mot *populas*, il faut entendre non-seulement le peuple, mais les villes, les municipalités, dont l'intérêt collectif ne pouvait être défendu que par représentants.

Dans les procès en revendication de la liberté, la personne intéressée ne pouvait agir par elle-même. En faveur de la liberté, on permit à tout citoyen de se porter comme *assertor libertatis*, et de solliciter la liberté pour la personne qui était réellement en cause et ne pouvait se défendre elle-même.

Le tuteur fut également admis à plaider pour son pupille *infans* ou absent, mais il a toujours été de règle que le pupille, sorti de l'*infantia*, agit lui-même *cum auctoritate tutoris*.

Enfin, une loi Hostilia, dont la date ne peut être précisée, mais dont l'antiquité est incontestable, autorisa, *odio furum*, la représentation en justice des personnes victimes d'un vol, lorsqu'elles étaient en captivité ou absentes pour une cause légitime ; ce privilége fut étendu aux pupilles de ces mêmes personnes, dont l'absence les eût laissés sans défense.

En dehors de ces exceptions, la règle que nous avons formulée recevait son application rigoureuse. Cette prohibition primitive ne tarda pas à être modifiée, et, insensiblement, il advint que l'exception se substitua à la règle, et que le principe sous l'empire du système formulaire fut l'antipode de l'ancien : *nunc admonendi sumus agere posse quemlibet hominem aut suo nomine aut alieno.*

Ce progrès du Droit ne se réalisa que par degrés. On admit d'abord un représentant spécial, qui fut appelé *cognitor* et qui, à l'origine, dut vraisemblablement être le seul reconnu. (1)

Il fallait pour constituer valablement le *cognitor*, employer des paroles solennelles, en présence de son adversaire. Il n'était pas essentiel que le *cognitor* lui-même fût présent, mais il n'était réellement *cognitor* que dès l'instant où il avait connu et accepté le mandat. Ulpien dit qu'on se montrait moins rigoureux pour un changement dans le choix des paroles solennelles, qu'en matière d'action de la loi.

Mais, de même que dans les *actus legitimi*, tels que la *mancipatio*, l'*hereditatis aditio*, la *datio tutoris*, etc., la constitution du *cognitor* ne pouvait se faire à terme ou sous condition. Toute condition exprimée l'entachait de nullité. (L. LXXVII, *de reg. jur.*, D., L. I, T. XVII.)

A raison même de la solennité de sa constitution, le *cognitor* présentait certains avantages particuliers et des inconvénients qu'il est facile de prévoir.

Outre les précautions à prendre pour éviter les nullités de

---

(1) M. Demangeat croit trouver dans certains passages de Cicéron que, de son temps, le *procurator* n'était pas encore reconnu. (*Cicer., Pro. Roscio Comœdo.* XVIII ; *ad Herennium*, II, 13.)

forme en prononçant les paroles solennelles, il fallait encore
faire participer par sa présence son adversaire, à cette solennité gênante. C'étaient autant d'entraves à la liberté du mandat.

En revanche, le *cognitor* n'était en quelque sorte dans le
débat que le porte-voix de l'absent ; c'était un vrai représentant dans le sens que nous attachons à ce mot ; dans la *condemnatio*, aussi bien que dans l'*intentio* de la formule, le nom
de l'absent figurait seul ; lui seul était le *dominus litis*, et
c'était pour ou contre lui que se donnait l'action *judicati*.

Le *cognitor*, malgré ses avantages, à cause des inconvénients que présentait son mode solennel de constitution, ne
pouvait être un représentant ordinaire. Aussi bien avait-on
recours le plus souvent au simple *procurator*, qu'il était permis de prendre déjà du temps de Gaius.

La constitution du *procurator* était nue de toute solennité
de forme : point de paroles consacrées ; un simple mandat
même à l'insu de l'adversaire. Gaius, d'après certains commentateurs, va jusqu'à reconnaître comme *procurator* toute
personne qui, même sans mandat, intervient de bonne foi dans
le procès et garantit *dominum rem ratam habiturum*.

Il arrive souvent, en effet, que le mandat, dont l'existence
semble incertaine au début, se révèle dans le cours du procès ;
il était donc équitable de permettre au *procurator* d'agir,
sans exiger qu'il produisît tout d'abord la preuve de son
pouvoir.

Les rôles du *cognitor* et du *procurator* étaient à l'origine
très-dissemblables. Tandis que le *cognitor* s'identifiait pour
ainsi dire dans la personne de l'ra ent, et n'était qu'un instrument, un moyen d'action dans le procès, le simple *procurator* ne représentait qu'imparfaitement son mandant.

Sans doute, les droits qu'il faisait valoir en justice étaient
ceux du mandant, et les conclusions étaient prises au nom de

ce dernier, qui seul figurait dans l'*intentio*, à l'exclusion du nom du *procurator;* mais, à la différence du *cognitor*, le *procurator* était réellement *dominus litis*, car la condamnation était prononcée pour ou contre lui. *Condemnationem in suam personam conrertebat.* (Gaius, C. ιν, § 86.)

Condamné, il avait contre son mandant l'action *mandati directa* pour se faire indemniser de tout préjudice ; si la condamnation était prononcée à son profit, par l'action contraire de mandat, il était tenu de restituer au mandant tout le bénéfice de cette condamnation.

Mais cette manière indirecte de procéder avait de graves inconvénients. Il importait de régulariser les situations des parties : du mandataire pour qui, en cas de condamnation, *melius erat non solvere quam solutum repetere;* et du mandant, que l'insolvabilité possible du mandataire pouvait frustrer du bénéfice recueilli pour lui par son représentant.

Un premier progrès fut de décider que le *procurator,* simplement constitué en présence de l'adversaire, serait assimilé au *cognitor.* On avait supprimé la solennité des paroles. Par une seconde innovation plus radicale que la première, on en vint à ne plus tenir compte de la présence de l'adversaire lors de la constitution du *procurator,* et de mettre au rang du *cognitor* tout mandataire dont la procuration était certaine. Il en fut de même pour le *negotiorum gestor,* dont l'administration avait été ratifiée par la personne intéressée. On désignait plus spécialement ce gérant d'affaires sous le nom de *defensor,* parce que la gestion d'affaire avait le plus souvent pour but de défendre les intérêts d'une personne compromis pendant son absence.

Dès lors, il y eut identité complète entre le rôle du *cognitor* et celui du *procurator.* Aussi Justinien, dans ses *Institutes* (l. ιν, t. x, *pro),* ne parle-t-il plus que des *procuratores* qui avaient hérité des avantages conférés aux *cognitores* disparus, tout en dépouillant les inconvénients de cette sorte de mandat solennel.

Alieno (nomine agi potest) veluti procuratorio, tutorio, curatorio.

Sous le système des actions de la loi, nous savons que déjà le tuteur pouvait agir au nom de son pupille. Le tuteur représente parfaitement son pupille, comme le ferait un *cognitor*, surtout lorsqu'il n'a pu se dispenser d'agir seul. C'est ce qu'exprime très nettement Ulpien dans la *L. 11, pr.; L. xxvi, T. vii, D., De administr. et peric. tut.*

Si tutor condemravit, sive ipse condemnatus est, pupillo et in pupillum potius actio judicati datur, et maxime si non se liti obtulit, sed cùm non posset vel propter absentiam, vel propter infantiam, auctor ei esse ad accipiendum judicium.

Les curateurs d'un fou ou d'un mineur de vingt-cinq ans sont, au point de vue qui nous occupe, traités comme les tuteurs. Comme eux, ils peuvent agir et représenter ceux dont ils gèrent les affaires, dont ils ne sont, à vrai dire, que les mandataires généraux.

Papinien, appliquant cette idée au cas de mort du fou, dit : *Non dabitur in curatorem, qui negotia gessit, judicati actio, non magis quam intutores. (L. v, pro. D., quando ex facto tut. vel cur.; L. xxvi, T. ix.)*

Nous verrons bientôt, en traitant des obligations du mandataire et spécialement de son obligation, de rendre compte comment les jurisconsultes romains trouvèrent un moyen ingénieux de déroger au principe de l'incessibilité des créances. C'était la *procuratio in rem suam*, mandat spécial dans lequel le mandataire, étant dispensé de rendre compte, conservait par devers lui le bénéfice de la condamnation prononcée à son profit, bénéfice que le mandant pouvait dans les cas ordinaires revendiquer par l'action directe de mandat.

CHAPITRE IV

RAPPORTS CRÉÉS PAR LE MANDAT ENTRE LES PARTIES CONTRACTANTES

Ainsi que nous avons eu à le constater en étudiant la nature du contrat de mandat, des obligations réciproques naissent pour l'une et l'autre partie ; les unes *ab initio*, à la charge du mandataire ; les autres, qui peuvent ne pas exister, surgissent *ex postfacto* à l'encontre du mandant.

En prenant le mandat à son point de départ, nous examinerons d'abord les premières qui s'offrent à nous, les obligations nées avec le mandat lui-même et qui existent dans tout mandat, les obligations du mandataire.

§ I.— Obligations du mandataire.

On peut, d'une manière générale, dire que le mandataire est tenu d'une double obligation : exécuter son mandat et rendre compte de sa gestion.

I. *Exécution du mandat.* — Bien que le rôle joué par le mandataire soit, en principe, un rôle tout désintéressé, de pure bienfaisance, et dont il était libre de ne pas se charger, dès que le mandat est formé, le mandataire n'est plus libre ; il est tenu de rendre au mandant le service que celui-ci a sollicité et obtenu de son amitié. En se constituant mandataire, il a fait par bienveillance le sacrifice de son indépendance juridique vis-à-vis du mandant.

Et il est logique et juste qu'il en soit ainsi ; car, suivant l'observation judicieuse de Pothier « en acceptant le mandat, le mandataire paraît faire un acte de bienfaisance envers le mandant; or, il ne faut pas que le bienfait tourne au préjudice de celui qui en est l'objet. » Ce qui arriverait si le mandataire était libre de se dégager, au gré de sa fantaisie, de l'engagement pris avec la personne qui a requis son bienveillant concours.

Mais cette règle d'équité reçoit des tempéraments également conformes à la raison et à la justice, que nous indique Gaius dans la loi XXVII, § 2, *mandati*, D. II : *qui mandatum suscepit, si potest id explere, deserere promissum officium non debet : alioquin, quanti mandatoris intersit, damnabitur.*

Ainsi, pour que la responsabilité du mandataire, pour cause d'inexécution du mandat, existe d'après l'équité et le droit, il faut d'abord qu'il ait pu l'exécuter. Et ce n'est pas seulement une impossibilité matérielle qui le dégage de son lien de droit, c'est, en général, tout empêchement physique ou moral, qui vient entraver l'action du mandataire. Qu'une maladie le retienne chez lui, qu'un voyage nécessaire l'oblige à quitter Rome, qu'une inimitié s'élève entre lui et son mandant, en un mot, qu'il ait une juste cause de se soustraire aux charges du mandat, il n'a plus rien à fournir dans un contrat où il n'avait promis que ses services personnels, qu'il se trouve, sans sa faute, dans l'impossibilité de rendre. La seule obligation dont il reste tenu dans des éventualités de ce genre, c'est d'aviser, s'il le peut, à temps opportun, son mandat de l'événement qui le prive de son mandataire, pour lui permettre d'en chercher un autre ou de se charger lui-même de cette tâche.

Il est manifeste que si l'inexécution du mandat ne cause aucun dommage au mandant, la responsabilité du mandataire est nulle, car nous avons vu dans le texte précité qu'il ne doit être condamné que dans la mesure du préjudice causé au mandant. (Voir encore L. VIII, § 0, D., *mandati*.)

Le mandataire doit se renfermer scrupuleusement dans les

limites assignées à ses pouvoirs, par les clauses du contrat de mandat ; en deçà, la responsabilité seule du mandant est en jeu ; au-delà, toute responsabilité est encourue par le mandataire. Ce n'est plus le mandataire qui agit, c'est un étranger qui gère, à ses risques et périls, une affaire qu'il s'est rendue personnelle en franchissant les bornes du mandat.

Diligenter igitur fines mandati custodiendi sunt : nam qui excessit, aliud quid facere videtur. (L. v pro., D., mand.)

C'est là une obligation bien naturelle et sans laquelle il n'est pas de mandat possible. Permettre au mandataire d'aggraver à sa guise la responsabilité du mandant, mettre ce dernier à la merci de ses caprices c'est dénaturer le caractère et le but du mandat qui doit être, avant tout, un acte de bienfaisance au profit du mandant, et non un moyen pour le mandataire de compromettre par malice ou sottise les intérêts confiés à sa vigilance.

Cependant, alors même que sa conduite lui eût été minutieusement tracée, et qu'il aurait réalisé le but du mandat par un moyen différent de celui qu'il lui avait été prescrit d'employer, le mandataire a droit à l'action *mandati contraria.* Si le mode d'exécution employé par lui a été moins avantageux pour le mandant que celui dont il aurait dû se servir d'après les prescriptions du mandat, il en subira les conséquences ; son recours contre le mandant sera diminué d'autant. Mais il sera remboursé intégralement, s'il est arrivé au but en s'écartant du chemin tracé, pour mieux faire, avec moins de peine et de dépenses. En résumé, dans l'espèce, le mandant ne peut restreindre l'effet du recours exercé contre lui par le mandataire que si, en ne suivant pas les voies fixées, celui-ci lui a causé un dommage, et jusqu'à concurrence de ce dommage.

Il est parfois difficile de reconnaître tout d'abord s'il y a eu ou non de la part du mandataire exécution de son mandat. Supposons qu'un immeuble est mis en vente par parcelles,

Je vous charge de l'acheter purement et simplement. Vous achetez plusieurs parcelles, d'autres vous échappent. Avez-vous exécuté fidèlement tout votre mandat, ou, en n'achetant qu'une partie de l'immeuble, avez-vous fait une autre affaire devant rester à votre charge?

Cette hypothèse est exposée, discutée et résolue avec une grande netteté dans les §§ 2 et 3 de la loi xxxvi, à notre titre.

Si vous n'avez pas formellement stipulé dans le contrat que, suivant une expression vulgaire, vous vouliez tout ou rien de l'immeuble vendu par parcelles, le mandataire n'est pas blâmable de n'avoir acheté que des parties. C'était à vous de mieux traduire votre pensée dans les clauses du contrat. Dans le cas contraire, le mandataire, dûment informé qu'il doit acheter le tout, fait l'affaire sienne, s'il n'acquiert que des parties de l'immeuble mis en vente.

Dans le même ordre d'idées, et sur le point de savoir si le mandataire a ou n'a pas exactement rempli sa tâche, Justinien, au *Digeste* et aux *Institutes*, expose deux hypothèses pour lesquelles il donne une solution commune, malgré des différences profondes qu'il est facile d'observer entre elles et qui font paraître cette assimilation illogique et dangereuse.

Pour la première espèce que Julien cite dans un texte qui forme la loi xxxiii, *mandati*, D., la solution donnée n'a rien de choquant.

Je suis chargé de cautionner une personne pour une certaine somme ; si je la cautionne pour une somme plus faible, pas de difficulté. Mais si la caution fournie porte sur un chiffre plus élevé, que décider? Aurai-je rendu l'affaire mienne pour le tout, ou aurai-je exécuté mon mandat jusqu'à concurrence de la caution que j'avais pouvoir de fournir, sauf à payer de mes deniers la partie de caution qui excédait mon mandat? Cette dernière opinion est consacrée par le texte, et c'est justice. Car il ne peut résulter, pour le mandant, aucun préjudice de ce fait que le mandataire a cautionné pour son compte au-dessus de la somme fixée par le mandat.

La seconde espèce que les rédacteurs des *Institutes* de Justinien ont empruntée à Gaius (C. III, § 161,) pour en altérer la solution, est la suivante :

Je vous charge de m'acheter un fonds pour cent sous d'or. Vous l'achetez pour cent cinquante. Justinien décide, comme dans la première hypothèse et en raisonnant de la même manière, que le mandataire a exécuté son mandat jusqu'à concurrence de cent, et qu'il a toujours l'action de mandat au moins pour répéter cette somme. Cette opinion, comme le dit Justinien, est sans doute très-favorable au mandataire *(quæ sententia sane benignior est)*; mais, est-ce là une raison suffisante pour donner la même solution que dans l'autre hypothèse ? L'École Sabinienne nous semble avoir été mieux inspirée et avoir mieux senti les dangers d'une pareille solution, en se prononçant dans le sens opposé.

Justinien, en effet, en voulant protéger trop le mandataire, paraît ne point garantir assez les intérêts du mandant, qui doivent être particulièrement défendus dans un contrat fait, avant tout, à son profit. Que l'affaire soit mauvaise même pour cent, le mandataire pourra toujours réclamer les cent par l'action contraire de mandat. Qu'elle soit bonne même pour la somme de cent cinquante, un mandataire peu scrupuleux affirmera qu'il a fait l'affaire pour son compte, et qu'objecter à cette allégation qui a pour elle la règle : *mandatum excedere aliud est agere ?*

Les rédacteurs des *Institutes* semblent n'avoir pas compris qu'ils pouvaient mettre, en décidant de la sorte, le mandant à la merci du mandataire : *namque iniquum est non esse mihi cum illo actionem, si nolit : illi vero, si velit, mecum esse.* Pour prévenir ce danger, il eût été mieux de refuser toute action au mandataire qui a commis la faute de franchir les limites de son mandat.

Toutefois, la décision de Justinien paraît équitable, lorsqu'il ressort des circonstances de l'affaire que le mandataire n'a aucunement songé à travailler pour lui, mais simplement à exécuter son mandat, ou encore qu'il pouvait compter sur une ratification probable de sa gestion par le mandant.

Dans ces cas là, le mandataire n'a eu dans l'esprit aucune idée de spéculation ; le mobile de sa conduite n'a été que l'intérêt du mandant. Mais, en dehors des cas de ce genre, nous croyons, pour les raisons que nous avons exposées, l'opinion des Sabiniens préférable à celle qui a été consacrée dans les *Institutes* de Justinien.

Nous avons apprécié jusqu'ici la responsabilité encourue par le mandataire qui excède ses pouvoirs, et se donne carrière hors des limites de son mandat, mais, observons-le dans l'accomplissement exact de sa mission, et voyons quelles diligences il doit apporter à son exécution.

Il serait superflu de développer ici une théorie complète des fautes en Droit Romain ; mais il est bon de formuler le principe vrai dans la plupart des cas, qui résume cette question de la répartition des responsabilités en matière de contrats, pour voir dans quelle mesure il peut s'appliquer dans le contrat qui nous occupe.

En règle générale, dans un contrat où chaque partie est intéressée, chacun des contractants est tenu tantôt de la faute légère considérée *in abstracto*, tantôt et le plus souvent de la faute légère considérée *in concreto*. Si l'une des parties est seule intéressée, l'autre est simplement tenue d'agir sans dol ni faute lourde.

Dans les cas les plus ordinaires, le mandat étant dans l'intérêt exclusif du mandant, le mandataire n'y ayant aucun intérêt devrait, d'après notre règle générale, n'être tenu que de la faute lourde, *quæ dolo æquiparatur.*

Est-ce bien là ce que décident les textes et les commentateurs du Droit Romain ?

Nous trouvons des textes où la question qui nous occupe est résolue dans les sens les plus opposés.

Ulpien nous dit formellement dans la loi x *pro.*, à notre titre : *Idemque et in fundo, si fundum emit procurator, nihil amplius quam bonam fidem præstare cum oportet, qui procurat.* Et Modestin, non moins explicite dans un fragment (L. II, T. x, Ch. II, § 3, *ex collat. leg. mos. et Rom.*) : *In mandati judicio dolus non etiam culpa deducitur.*

A l'encontre de ces textes, on peut en citer d'autres en plus grand nombre et tout aussi formels, où le mandataire est déclaré responsable de son fait et de la faute légère considérée *in abstracto.*

De tuo etiam facto carere debes, (L. IX, D., *mandati.*)

A procuratore dolum et omnem culpam, non etiam improvisum casum præstandum esse, juris auctoritate manifeste declatur. (L. XIII, C., *mandati.* Voir aussi L. XXI, C., *mandati.*)

Mais ce qui semble compliquer la question, c'est la contradiction du moins apparente dans laquelle est tombé Ulpien qui, dans un texte précité, n'impute au mandataire que sa mauvaise foi, son dol, et dans plusieurs autres le rend responsable de toute faute.

Dans l'hypothèse de la loi VIII, § 10 (D., *mandati*), un mandataire a acheté un esclave qui s'enfuit. *Si dolus non intervenit, nec culpa,* dit Ulpien, *non teneberis.*

Dans la loi XXIII (D., *de reg. jur.*), le même Ulpien pose une règle générale, à l'appui de laquelle il cite des exemples : *Contractus quidam dolum malum duntaxat recipiunt. Quidam et dolum et culpam. Dolum tantum, depositum et precarium.*

Dolum et culpam, mandatum, *commodatum*, *venditum*, *pignori acceptum*, *locatum*, etc.

Il est inadmissible qu'une contradiction aussi flagrante soit le fait d'un jurisconsulte comme Ulpien. Si la contradiction existait réellement, elle serait plutôt imputable à ces compilateurs, parfois peu scrupuleux, qui substituaient souvent aux opinions personnelles des grands jurisconsultes classiques les idées prédominantes au temps de Justinien, et, oubliant de corriger certains textes, créaient d'étranges contradictions.

Mais, en admettant qu'on puisse justifier de la sorte les deux textes d'Ulpien que nous venons de citer, il n'en reste pas moins le texte de Modestin, qui défie toute tentative de conciliation, et qui ne saurait être diversement interprété. Si l'opinion que nous repoussons n'est pas celle d'Ulpien, du moins elle est celle de Modestin.

Il y a donc eu controverse parmi les jurisconsultes romains ; cela est incontestable : tel a appliqué au mandat la règle générale ; tels autres, et c'est le plus grand nombre, ont dérogé au principe ordinaire et fait de l'exception la règle en matière de mandat.

Les raisons qui ont fait écarter sur ce point le principe que, dans un contrat, une partie désintéressée n'est tenue que de son dol, sont multiples, mais faciles à discerner.

Ce sont d'abord : le caractère presque religieux du contrat de mandat, son origine toute de désintéressement et d'affection, l'intérêt considérable qu'il y avait au point de vue social à préserver le mandant de tout abus de confiance, de tout excès de pouvoir de la part de celui qui brisait, suivant l'expression de Cicéron, le lien commun des hommes par des manquements à la bonne foi et à l'amitié. *(Pro Roscio Amerino*, n° 38.)

Ces considérations purement morales, si sérieuses qu'on puisse les croire, ne durent pas à l'origine paraître justifier

suffisamment une dérogation au principe général, et il est
probable que la loi commune fut tout d'abord appliquée au
mandataire : il ne fut responsable que de la faute lourde et
de son dol. Mais bientôt, à ces considérations morales, vinrent
s'adjoindre des raisons plus matérielles et, disons-le, plus
appréciables dans une société qui a perdu, en se civilisant,
le désintéressement facile des peuples primitifs.

En effet, le mandat, nous l'avons vu, avait vite changé
de caractère. Dans la plupart des cas, la gratuité de ce contrat était nominale, factice : au fond, l'intérêt du mandataire
existait, je ne dirai pas en opposition, mais en harmonie
avec l'intérêt du mandant. Et nous avons dit plus haut les
causes de cette transformation du mandat, en expliquant comment on avait fini par admettre cette *merces* spéciale, désignée sous le nom d'*honorarium*.

Le rôle dès lors intéressé du mandataire suffit pour expliquer pourquoi le mandataire doit être tenu de la faute légère,
et les considérations d'ordre moral que nous avons exposées
ci-dessus nous disent pourquoi le mandataire était tenu
rigoureusement de son fait et de la faute légère considérée
in abstracto.

Cette règle, si générale qu'elle fût, n'était pas d'une application stricte et absolue dans tous les cas.

Un mandataire particulier, l'*agrimensor*, bien que recevant
des honoraires, n'était tenu que de la faute lourde et du dol.
Cette faveur était octroyée à l'arpenteur, à cause des grandes
difficultés que présentait souvent le mesurage des fonds.
Les inexactitudes presque forcées de son travail eussent sans
cesse mis en jeu sa responsabilité, qui eût été excessive si
une loi d'Ulpien ne l'avait sagement restreinte. (L. 1, § 1,
D., *Si mens. fals. mod.*)

Une raison, peut-être plus sérieuse encore, avait déterminé
les jurisconsultes romains à traiter l'*agrimensor* avec une

telle faveur. L'arpentage n'était pas chez eux ce qu'il est de nos jours, une profession des plus humbles et des moins honorifiques : le travail de l'arpenteur avait un caractère religieux. A l'origine, les augures avaient le monopole du mesurage des fonds ; et, quand cette mission, primitivement sacrée, fut confiée à de simples citoyens, les lois romaines conservèrent à ces successeurs des augures les priviléges dont ces derniers avaient joui.

Il était d'autres cas où l'équité prescrivait à la lourde responsabilité du mandataire des tempéraments nécessaires.

Sans doute, le mandataire qui s'est offert spontanément au mandat, devançant les désirs, les besoins du mandant, doit porter de ses actes une responsabilité pleine et entière. Incapable, il paiera son incapacité ; impuissant, malgré son désir de bien faire, il sera puni de son impuissance. Il l'a voulu ; ce n'est que justice. Mais si en offrant ses services, il a avisé le mandant de son défaut d'aptitude et ne lui a rien caché de son manque de capacités, on comprend que sa responsabilité soit réduite dans une juste limite ; réduite encore et à plus forte raison, s'il n'a accepté le mandat que sur les instantes sollicitations du mandant. Le cas échéant, le juge qui se trouve en présence d'un contrat de bonne foi, pourra toujours apprécier *ex æquo et bono* la mesure dans laquelle doit être atténuée la responsabilité du mandataire.

Les parties elles-mêmes, en réglant les conventions du contrat, peuvent mitiger, comme bon leur semble, cette responsabilité que la loi ne règle qu'à défaut de conventions contraires. Elles peuvent convenir que le mandataire n'aura à répondre que de la faute légère considérée *in concreto* ou même de la faute lourde qui est une variété du dol.

Mais, en aucun cas, il ne peut être valablement dit que le mandataire sera irresponsable de son dol. La faute ne fait péricliter que l'intérêt particulier du mandat ; mais une manœuvre dolosive peut jeter dans la société même une certaine perturbation, qu'elle doit, sinon punir, du moins ne jamais approuver ni sanctionner.

Le mandataire peut être responsable, tant d'un acte de mauvaise gestion que d'une inaction blâmable. En d'autres termes, il est tenu et de la *culpa in committento* et de la *culpa in omittento*. C'est la règle en matière de contrats de bonne foi, et il n'y a point été dérogé pour le contrat de mandat.

Les cas fortuits ou de force majeure ne sont point à la charge du mandataire, mais il peut, lors de la conclusion du contrat, en assumer expressément la responsabilité. (L. XXXIX, D.; L. XIII, C., *mandati.*)

Ajoutons, enfin, qu'il doit exécuter le mandat aussi bien contre lui-même que contre les tiers. Et les commentateurs du Droit Romain nous citent un texte qui précise bien la portée de cette obligation. (L. XXVII, § 3, *de pactis*, D.)

Mon mandataire est tenu envers moi d'une action au quadruple. Après un an, l'action aurait dû être réduite au simple, mais le mandataire devra me tenir compte du quadruple, car, dit le texte, *qui alterius negotia administranda suscepit, id præstare debet in suâ personâ, quod in aliorum.*

§ II.— Obligation de rendre compte.

Le mandataire, agissant au nom d'autrui pour le compte du mandant, doit faire bénéficier ce dernier de tout le profit, et se faire dédommager de tout le préjudice qui peut résulter des opérations de sa gestion.

Ce principe de toute équité est formulé par le jurisconsulte Paul avec la plus grande netteté dans la loi XX *pro.*, D., *mandati.*

Ex mandato, apud eum, qui mandatum suscepit, nihil remanere oportet, sicuti nec damnum pati debet.

Ainsi le mandataire doit restituer intégralement tout ce qu'il a acquis par le fait de l'exécution du mandat. Mais la règle ainsi énoncée présente une lacune; elle est manifestement incomplète, car le mandataire doit non-seulement compte de tout ce qu'il a acquis, mais encore de tout ce qu'il aurait dû acquérir. Il n'est pas uniquement tenu à restitution, il est encore contraint à réparation, passible de dommages et intérêts, pour ce qui, par son dol ou sa faute, n'a pas été acquis par lui au nom du mandant.

Sous le bénéfice de cette observation, nous pouvons étudier en détail quel compte il doit rendre.

S'il a acquis des corps certains, il les restituera tels qu'ils se comportent au jour de la reddition de comptes, sauf à réparer de ses deniers les détériorations qu'ils auraient subies par sa faute depuis leur acquisition.

Il restituera également les sommes qu'il a touchées et le montant de celles qu'il aurait dû toucher au nom du mandant. Sont encore sujettes à restitution, les actions qu'il possède contre les tiers et relatives à l'objet du mandat. Quant à celles qu'il a négligé d'acquérir ou dont il a perdu le fruit par négligence ou impéritie, il en doit une réparation pécuniaire. Nous verrons ci-après comment le bénéfice intégral de ces créances incessibles, comme droit personnel, peut se transférer d'une tête à l'autre, soit par une novation, soit par un mandat tout particulier, la *procuratio in rem suam.*

Les fruits que le mandataire a recueillis ou aurait dû percevoir, doivent aussi entrer en ligne de compte, à moins que, dans le contrat même de mandat, il n'ait été convenu que ces fruits resteraient au mandataire à titre d'honoraires. Nous verrons aussi, en traitant des obligations du mandant vis-à-vis du mandataire, que ce dernier devra être remboursé de toutes les dépenses par lui faites à l'occasion du mandat et dans l'intérêt du mandant.

Si le mandataire ne restitue les sommes dues au mandant qu'après une mise en demeure, il doit les intérêts de ces sommes à partir de la *mora*.

Il doit naturellement les intérêts des sommes recueillies pour le mandant et prêtées *cum usuris*. Il les doit même, dit Labéon, dans le cas où vous lui avez donné mandat de prêter à Titius *sine usuris* et où il a exigé de lui des intérêts, à moins que le mandataire n'ait assumé la responsabilité du prêt. Cette espèce de compensation, entre les dangers que fait courir au mandataire l'insolvabilité éventuelle du débiteur et le profit qu'il peut recueillir du prêt, n'a rien que de logique et d'équitable. Mais il faut bien observer que, si l'intention du mandant a été de prêter gratuitement son argent à Titius, le mandataire n'aurait pas rempli cette intention en faisant à Titius un prêt intéressé, et on pourrait lui appliquer la règle : *qui excedit mandato, aliud quid facere videtur.*

Il est encore débiteur vis-à-vis du mandant de tous intérêts qu'auraient dû produire les sommes qu'il a gardées improductives par devers lui, ou avec lesquelles il aurait dû éteindre, jusqu'à due concurrence, une dette produisant intérêts contre son mandant et qu'il était chargé de payer. (L. xii, § 10, D., *mand.*)

Cependant, d'après Scœvola (L. xiii, § 1, D., *de usur.*), le mandataire ne serait blâmable ni responsable pour n'avoir pas placé l'argent du mandant, si ce dernier avait pour habitude de laisser son argent improductif; mais s'il le plaçait à intérêts, il devrait restituer ces intérêts; *nihil enim apud eum remanere oportet.*

Ajoutons que le mandataire doit encore les intérêts des sommes qu'il a fait servir à son usage personnel. (L. x, § 3, D., *mand.*)

Enfin, dit Papinien, si le mandataire emploie pour son compte les intérêts des sommes placées, ces intérêts sont désormais un capital dont il doit solder les intérêts. (L. x, § 3, *in fine.*)

Il existe un mandataire spécial qui est dispensé de rendre des comptes, et qui bénéficie par conséquent de tous les avantages, que, dans les cas ordinaires, recueille le mandant seul. C'est le *procurator in rem suam.* La *procuratio in rem suam* fut un des moyens les plus usuels d'arriver indirectement à la cession des créances que prohibait le Droit Romain.

Le moyen unique de céder, sinon le droit, du moins les bénéfices des créances, fut longtemps à Rome la novation. Mais une condition, souvent difficile à réaliser pour opérer novation, était d'obtenir l'adhésion du débiteur et son intervention directe dans le contrat de novation. Pour tourner cet obstacle, on imagina ce mandat *sui generis,* dans lequel le mandataire exerce les droits de son mandant dans son propre intérêt. Le débiteur reste étranger à cet accord entre le mandant et son *procurator.* La dispense de reddition de comptes ne modifie en rien sa situation juridique à l'égard du mandant.

La *procuratio in rem suam* était d'une application fréquente. Elle permettait au mandant de s'acquitter d'une dette antérieure, en chargeant son créancier de recouvrer une créance de son débiteur et de s'en attribuer le montant; parfois aussi le mandant ne songe qu'à faire une libéralité au *procurator,* ou il lui fait promettre de s'engager envers lui jusqu'à concurrence du profit qu'il recueillera de la *procuratio in rem suam.*

Pour obtenir l'exécution de ces diverses obligations du mandataire, le mandant a à son service une action unique, l'action *mandati directa.* Elle naît, nous le savons déjà, *ab initio,* à la différence de l'action par laquelle le mandataire exerce son recours contre le mandant, et qui naît postérieurement à la formation du contrat.

L'action directe de mandat se donne le plus ordinairement

contre le mandataire ; mais, si ce dernier est en puissance, il y a lieu d'exercer contre le père ou le maître de ce mandataire des actions dites *adjectitiæ qualitatis, de peculio, de in rem verso, quod jussu,* suivant les cas.

L'action directe de mandat offre certains caractères constants, d'autres accidentels.

Elle est toujours de bonne foi, toujours transmissible aux héritiers du mandant et contre ceux du mandataire ; au point de vue de la durée, elle est perpétuelle ; au point de vue de la formule, elle est en principe conçue *in jus,* mais il est un cas spécial où son *intentio* est conçue *in factum.* Ce cas, mentionné dans la loi I *pr.,* D., *Si mens. fals. mod.,* est relatif à l'*agrimensor.* Nous avons déjà signalé à ce sujet la faveur exceptionnelle dont jouissait l'arpenteur, qui avait commis des erreurs dans son travail.

Enfin, cette action est infamante. (L. XXI, C., *mand.*) Ce caractère remarquable de l'action directe de mandat tient aux considérations morales qui avaient déjà inspiré aux législateurs romains des mesures d'une singulière rigueur sur la responsabilité du mandataire. Le mandataire infidèle était à leurs yeux un parjure de l'amitié et de la bonne foi, et il était de toute justice que ses erreurs fussent sévèrement punies. Mais, plus grave était la peine des mandataires coupables, plus on devait être circonspect dans l'application de cette note d'infamie.

Il serait absurde de prononcer une telle déchéance contre le mandataire incapable, impuissant, ou simplement imprévoyant. Il faut qu'il ait gravement failli à ses devoirs, qu'il se soit grossièrement trompé. Et, alors même qu'il devrait encourir l'infamie, il peut y échapper en transigeant avec son mandant. C'est une application de la règle générale sur cette matière formulée par Paul. (L. VII, D., *de his. qui. not. inf.*)

In actionibus quæ ex contractu proficiscuntur, licet famosæ sint et damnati notantur, attamen pactus non notatur.

OBLIGATIONS DU MANDANT

Les obligations du mandant vis-à-vis du mandataire sont corrélatives de celles du mandataire à l'égard du mandant. De même que *nihil apud eum (procurator) remanere oportet*, de même *nec damnum pati debet ; ce qui peut s'énoncer encore sous cette forme : le mandataire ne doit pas s'enrichir ni s'appauvrir par l'exécution de son mandat. Il est bien entendu qu'il ne s'agit que des appauvrissements, des pertes matérielles pouvant s'évaluer en argent, et non des peines, préoccupations, pertes de temps, pour lesquelles aucun dédommagement n'est dû en principe au mandataire.

Il ne suffit pas évidemment qu'il y ait perte causée au *procurator* par l'accomplissement du mandat ; encore faut-il que la perte ne provienne ni de son fait, ni de sa faute. Il faut, pour que le mandataire ait droit à une indemnité, qu'il ait été aussi exact, aussi diligent, aussi irréprochable que l'exige cette responsabilité dont nous avons plus haut apprécié l'étendue.

Voyons, ainsi que nous l'avons fait pour les obligations du mandant, comment, de quels dommages et dans quelle mesure, le mandant doit indemniser son mandataire, pour les faits relatifs à l'exécution de sa gestion.

Pour sortir complètement indemne du contrat de mandat, le *procurator* doit avant tout être remboursé de tous les frais, de toutes les avances occasionnés par le mandat et dans l'intérêt du mandant. C'est au moment où ces dépenses ont été faites qu'il faudra se placer pour en fixer la quotité, et déterminer le chiffre de l'indemnité due de ce chef. (L. xxxvii, D., *mand.*)

Si le mandataire, chargé d'acheter une chose, l'a payée de

ses deniers, l'action de mandat sert à lui faire recouvrer le montant de ce prix. Ce n'est pas seulement du prix principal, mais encore des frais accessoires, des intérêts dont il devra être tenu compte. Dans tous les cas, les intérêts des sommes avancées par le mandataire sont dus à partir de la mise en demeure. (L. XVIII, C. *mand.*)

Si pour faire les avances le *procurator* a employé une somme qui lui donnait de gros intérêts, *uberrimas usuras,* il est juste que ce préjudice soit réparé; si encore, dans le même but, il emprunte à intérêts. Mais il ne pourra obtenir paiement d'intérêts, si la dette qu'il a soldée pour le mandant ne produisait aucun intérêt contre celui-ci. (L. XII, § 9, D., *mand.*)

A défaut de textes, l'équité eût prescrit ces solutions, et on peut se résumer sur ce point, en disant, avec Ulpien, *totum hoc ex æquo et bono judex arbitrabitur* (*ibid,* L. XII, § 9, *in fine.*)

Peu importe, pour la question que nous examinons, que les débours dont le mandataire réclame le remboursement n'ent été directement effectués par le mandataire lui-même; ils ne lui sont pas moins dus, si c'est un *negotiorum gestor,* un prêteur, un donateur, qui a avancé la somme au nom et pour le compte du mandant. (L. XII, § 1; L. XXVI, § 3, *pro.,* D.) Quelques rapports qui existent entre le tiers qui a fourni la somme et le mandataire qui a employé cette somme dans l'intérêt du mandant, celui-ci ne doit ni s'en préoccuper, ni s'en prévaloir. C'est pour lui *res acta inter alios.* Il se peut que le mandataire, qui fait des avances, ait déjà une action contre un tiers pour en obtenir le recouvrement. Il a alors la double garantie de l'action contre ce tiers, et de l'action *contraria mandati* contre le mandant. Tel est le cas de la loi VII, au Code, *mandati.* Vous avez, d'après mandat, prêté de l'argent à un tiers; vous avez la *condictio certi ex mutuo* contre l'emprunteur, et contre le mandant, *mandati actio competit.* Il y a encore lieu à l'action contraire de mandat, dans une hypothèse assez curieuse, relatée à la loi xLvii *pro.*, à notre titre.

J'épouse une femme créancière d'une dette que j'ai cautionnée; elle me constitue, à titre de dot, ce que je lui dois, par suite de cette fidéjussion. J'ai l'action de mandat contre le débiteur principal. La remise de cette dette a été faite à titre onéreux ; c'est une avance faite au mandant par le mandataire ; car, dit le texte, *intelligitur ei abesse pecunia, eo quod onera matrimonii sustineret.*

Si la remise de la dette est faite à titre gratuit, il faut établir certaines distinctions nettement exposées par Ulpien. (L. x, *in fine.*, L. 12 *pro.*, D.)

Si le créancier a eu l'intention de faire un don rémunératoire au fidéjusseur, Ulpien pense que ce fidéjusseur a l'action contraire de mandat ; cette remise équivaut, en quelque sorte, à un paiement effectif; mais si cette remise de dette est une donation pure et simple, le fidéjusseur n'aura pas l'action de mandat.

Le fidéjusseur est censé avoir fait un débours, et, par suite, doit être indemnisé s'il a délégué un de ses débiteurs à son propre créancier, et ce, alors même que le débiteur cédé est insolvable; car, en acceptant la délégation, le créancier, suivant le texte, rend la créance bonne. (L. xxvi, § 2.) Il est donc juste que le fidéjusseur délégant puisse se faire indemniser jusqu'à concurrence de la somme dont le mandant a été dégrevé.

Nous avons dit que le mandataire ne doit point s'appauvrir en exécutant son mandat. Or, les avances, les débours, ne sont pas les seuls moyens d'arriver à une diminution de patrimoine. On peut encore, à cause du mandat, faire des pertes, dont réparation est due au mandataire qui a, par son zèle, mis sa responsabilité à couvert.

Il faut bien préciser que si l'accomplissement du mandat

est l'occasion, mais non la cause directe de cette perte, le mandant n'est pas tenu de rembourser « *nam hæc magis casibus quam mandato imputari oportet.* » (L. XXVI, § 6, *in fine.*) Ne nous méprenons point sur le sens de ce texte qui semble, à première vue, mettre à la charge du mandataire les cas fortuits ou de force majeure. Il ne s'agit point ici de la responsabilité du mandataire, mais de celle du mandant. Il s'agit de savoir non pas si le mandataire doit compte à son mandant des valeurs appartenant à ce dernier, pillées par les voleurs ou naufragées, suivant les exemples du texte, mais de décider si le mandataire, ayant dans ces mêmes désastres perdu des biens personnels, doit être dédommagé de ses pertes. Paul, dans notre texte, se prononce pour la négative, car si le mandant a, dans l'espèce, consenti à courir pour sa chose tous risques de cas fortuits ou de force majeure, il n'a aucunement chargé le mandataire de faire courir à ses propres biens les mêmes dangers.

Dans le cas où des dépenses sont nécessaires pour mener le mandat à bonne fin, qu'il en ait fait l'avance ou les ait payées des deniers du mandant, le mandataire peut s'en faire tenir compte, bien qu'elles n'aient été d'aucun profit pour le mandant. (L. LVI, § 4, D.) Il n'a fait que remplir fidèlement sa mission, n'ayant pas à prévoir les suites heureuses ou funestes de la gestion qu'il a entreprise et régulièrement accomplie.

Le loi IV, au Code (*mand.*), ne limite même pas aux dépenses nécessaires le droit pour le mandataire de recourir contre le mandant ; elle lui donne aussi le droit de réclamer les impenses qu'il a faites *probabili ratione.* Cette extension est très-logique, et le mandant ne pourrait se prévaloir de ce qu'il aurait pu atteindre lui-même le même but que le mandataire et à moins de frais : du moment que ce dernier n'a pas franchi les limites de son mandat, toutes les dépenses de bonne foi, faites avec une probabilité de raison, sont légitimes et, par suite, remboursables à l'aide de l'action contraire du mandat. (L. xxvii, § 4, D.)

La loi x, au Code (*mand.*), décide que le mandataire est mal fondé à réclamer le montant d'une condamnation qu'il a exécutée et qu'il pouvait faire réformer, par exemple, par un recours en appel. La loi xxix, *pro.* et § 4, D., *mand.*, complète cette idée en expliquant qu'il doit en outre opposer toutes exceptions telles que *doli eel non numeratæ pecuniæ*, ou autres moyens de défense, et qu'il est excusable d'avoir commis une erreur de fait (*pro.*), mais non une erreur de droit (§ 4.) On ne saurait le rendre responsable de n'avoir pas opposé une exception fondée sur une iniquité, et dont on ne pouvait honnêtement se servir; de plus, il importe que l'exception soit péremptoire et non pas simplement dilatoire ; si c'est une exception dilatoire qu'il a négligée, il n'en a pas moins droit à l'action *mandati contraria*, sauf à voir le juge déduire de l'indemnité à allouer le montant de tout le préjudice causé au mandant par cette négligence du mandataire.

Si le mandataire a cru, mais par erreur, remplir les intentions du mandant, il n'a pas d'action de mandat pour rentrer dans les débours dont cette erreur a été cause : de même pour les dépenses faites non dans un but d'utilité, mais pour l'agrément du mandant, s'il n'a pas reçu sur ce point un mandat particulier ; dans tous les cas, il aura le droit de reprendre toutes choses qui pourront s'enlever sans endommager la chose du mandant, et aussi de se faire tenir compte de l'enrichissement que ces impenses, dites voluptuaires, ont procuré au mandant.

Enfin, si la personne ou la chose que le mandataire était chargé de procurer à son mandant cause un préjudice au *procurator*, il est juste que ce dommage soit réparé. Paul

5

donne une application de ce principe dans la loi xxvi, § 7, à notre titre.

Nératius y décide que vous avez droit à l'abandon noxal d'un esclave que vous avez été chargé d'acheter et qui vous a volé, sans qu'il y ait de votre faute. Et si moi, mandant, je connaissais la nature vicieuse de cet esclave, et si je ne vous ai point avisé de manière à éveiller votre vigilance, alors je dois réparer tout le dommage, *quanti tuâ intersit.*

Africain adopte cette solution, même au cas où le mandant ignorait les vices de l'esclave *justissimum enim procuratorem allegare non fuisse se id damnum passurum, si id manda- tum non suscepisset.* (L. LXI, § 5, D., *de furtis.*) Mais on doit juger autrement, dit le jurisconsulte (*ibid.* § 7, L. XLVII, T. II), si le mandataire a commis la faute de confier de l'ar- gent à cet esclave, ce que n'aurait jamais fait son maître.

Nous avons parlé jusqu'à ce moment de la réparation due au mandataire pour les avances, impenses, pertes faites par lui à cause du mandat. Comme conséquence forcée du prin- cipe, que le *procurator* ne doit pâtir en rien de la gestion à lui confiée, il faut décider encore qu'il peut se prémunir con- tre tout danger pour l'avenir pouvant résulter de cette ges- tion. Aussi, le mandant peut être contraint de se substituer dans la mesure du possible à son mandataire, en d'autres termes, il doit prendre à sa charge les engagements contractés par le *procurator* à cause du mandat.

Il n'est pas besoin, pour y contraindre le mandant, que la mission du mandataire soit complètement terminée. Dès l'ins- tant où il est exposé, par suite d'une obligation née contre lui du mandat même, à faire une avance qu'il ne veut point faire, à être constitué en perte, que l'exécution du mandat soit à peine commencée ou presque finie, il peut mettre en cause son mandant et assurer sa propre sécurité par tous les moyens de droit.

Chargé d'acheter un fonds, je ne veux pas faire l'avance du prix d'achat ; je peux vous obliger à fournir le prix (L. VI., D., *mand.*). Si je contracte une obligation quelconque, à cause du mandat, je peux exiger que vous opériez novation par changement de débiteur avec mon créancier, si celui-ci y consent ; et, s'il refuse son adhésion, je peux encore vous faire promettre *cum satis datione* que vous prendrez ma défense et me garantirez de tout préjudice.

Mais, en principe, à défaut de raisons urgentes, un mandataire doit, avant de recourir contre son mandant, terminer l'affaire à la gestion de laquelle il a été préposé. (L. VI., § 1, D.)

Il n'est pas indispensable que ce soit le mandataire lui-même qui ait mené à bonne fin l'affaire qui lui a été confiée, à moins que le mandat n'ait été spécialement contracté en vue de la personne du mandataire, *intuitu personæ.* Le *procurator*, qui s'est adjoint ou substitué un tiers, a néanmoins valablement rempli sa tâche et peut, par suite, agir contre le mandant.

Nous rappellerons ici que le mandataire qui franchit les limites de son mandat, d'après la règle générale, fait une autre affaire qui lui est personnelle. Nous ne devons pas oublier cependant que, dans certains cas, tels que ceux que nous avons plus haut étudiés (voir page 50), le mandataire qui « *excessit mandato* » peut, par l'action *mandati contraria*, agir au moins dans les limites fixées par le contrat de mandat.

Toutes ces obligations que nous venons d'examiner et qui sont à la charge du mandant, l'action *mandati contraria* suffit à les faire exécuter contre ce dernier.

Cette action présente à peu près les mêmes caractères que l'action directe de mandat. Comme elle, elle est de bonne foi, transmissible aux héritiers, perpétuelle ; elle se donne contre le mandant, et, si ce dernier est en puissance paternelle ou dominicale, on suit la règle générale en cette matière; on intente, suivant les espèces, telle ou telle autre action *adjectitiæ qualitatis, de peculio, de in rem verso, quod jussu*, etc., contre le maître ou le père du mandant *alieni juris.*

Mais, à la différence de l'action *mandati directa*, elle ne fait pas encourir l'infamie. Il n'y avait pas les mêmes raisons de frapper d'infamie le mandant dont la bonne foi n'est pas en jeu. Si le mandataire infidèle trahit la bonne foi et l'amitié, manque à des devoirs sacrés, le caractère du mandant n'a rien qui permette de le traiter avec une rigueur exceptionnelle. Ses torts se réparent suffisamment par des condamnations pécuniaires.

Cependant, il est des cas où le mandant est noté d'infamie pour avoir manqué à la bonne foi. Tel est celui du fidéjusseur qui a payé pour le débiteur principal; le refus de celui-ci de rembourser son fidéjusseur entraîne contre lui une condamnation infamante. (L. VI, § 5, *de his qui not. inf.*) Il est bon d'observer que l'infamie est une peine toute personnelle, et que les héritiers du mandant ou du mandataire ne sont jamais exposés à l'encourir.

L'action *contraria mandati* ne suffit pas toujours pour forcer le mandant à exécuter toutes ses obligations. Si, *remunerandi gratiâ*, il a promis des honoraires à son *procurator*, il ne saurait être question d'intenter l'action contraire de mandat contre lui. La promesse d'honoraires, bien que dérivant en fait directement du contrat de mandat, est et doit être considérée en droit comme étrangère à ce contrat, car, s'il n'en était pas ainsi, la nature essentiellement gratuite du mandat eût été altérée.

Aussi a-t-on, en matière de réclamation des honoraires, établi, comme nous avons déjà eu occasion de le dire, une procédure toute différente de celle de l'action dont nous venons de parler. On agit *extra ordinem*. Ce n'est plus le *judex*, c'est, à Rome, le préteur, en province, le président, qui prononcent sur ces questions, *cognitâ causâ*.

Nous avons vu également dans quels cas les honoraires sont dus, et nous rappellerons simplement qu'en dehors des professions libérales pour les services desquelles on peut promettre en termes généraux des honoraires, sans en préciser le montant, il faut que ces honoraires soient clairement fixés, et une promesse vague, indéterminée, ne donne lieu à aucun recours ordinaire ou extraordinaire contre le mandant.

Disons, enfin, que les honoraires ne sont pas dus avant l'entière exécution du mandat. Cependant, par exception, les avocats ont droit aux honoraires, s'il n'a pas dépendu de leur volonté que la cause ne fût plaidée.

Advocati..., si per eos, non steterit, quominus causam agant, honoraria reddere non debent. (L. XXXVIII, *loc. cond.*, D.)

Ce qui est vrai pour le cas où les honoraires ont déjà été payés, l'est également pour le cas où ils sont encore à réclamer. (L. 1, § 12, *de extraord. cognit.*)

CHAPITRE V

EFFETS DU MANDAT PAR RAPPORT AUX TIERS

Nous avons vu jusqu'ici quelle est, dans le mandat, la situation respective des parties contractantes l'une vis-à-vis de l'autre ; encore faut-il connaître quels rapports fait naître le mandat entre le mandant et le mandataire, d'une part, et les tiers qui ont contracté avec ce dernier, de l'autre.

La question en maint cas ne se pose même pas. Souvent, en effet, l'accomplissement du mandat n'exige l'intervention d'aucun autre que le mandataire. Tels sont les mandats confiés aux médecins, aux professeurs, et, en général, à ceux qui pratiquent des professions libérales. Il ne s'agit dans ces procurations que de l'accomplissement d'un fait, de soins physiques ou intellectuels à donner à une personne. Ces faits peuvent être accomplis par le mandataire seul : il est même des cas où le mandat étant fait *intuitu personæ*, un tiers ne pourrait participer à son exécution, à peine pour le mandataire de rendre l'affaire sienne.

Mais dans les cas où il y a intervention d'un tiers au mandat, le mandant reste étranger à tous les accords que peuvent faire ce tiers et le mandataire relativement à la gestion du mandat. Si le mandat est accompli selon ses vues, le mandant doit s'acquitter vis-à-vis de son mandataire qui, de son côté, aura, d'après leurs conventions, à désintéresser le tiers pour le concours apporté par lui à l'exécution du mandat.

Mais où la question s'agite et où la discussion s'élève, c'est sur le point de savoir quels rapports de droit s'établissent entre le mandant et les tiers, avec lesquels, en vertu de sa procuration, le mandataire a contracté. Pour mieux préciser le point en litige, en l'examinant sur un exemple, quelle est la situation juridique du mandant vis-à-vis d'un tiers qui a vendu au mandataire un bien acquis pour le compte du mandant ? Le but de celui-ci a été de devenir propriétaire de ce bien ; mais acquiert-il directement la propriété, ou par quels moyens parvient-il à réaliser cette acquisition ?

Si le mandataire n'eût été dans le contrat que le prête-nom du mandat, si la loi romaine n'eût considéré le mandataire que comme un instrument d'action mû par la volonté dominante du mandant, la question serait résolue sans discussion. Le mandant prendrait simplement la place du mandataire dans le contrat passé entre ce dernier et les tiers ; tout se bornerait à une substitution de personnes, ce qui, il faut bien le reconnaître, serait très-admissible au point de vue de l'équité et de la raison.

Mais cette idée de la représentation parfaite du mandant par son mandataire n'était nullement dans le génie de la législation romaine, du moins à l'origine. C'est même le principe de la non-représentation qui domina tout d'abord d'une manière absolue.

Hoc est quod dicitur per extraneam personam nihil acquiri posse. (Just., *Inst.*, L. II, T. IX, § 5.)

Reportant ce principe dans le contrat qui nous occupe, nous voyons que le mandataire, qui en fait travaille pour le mandant, en Droit est seul en cause, seul connu des tiers qui contractent avec lui, seul à les poursuivre, seul à subir leurs attaques, seul, en un mot, chargé de la responsabilité directe de tous les actes de sa gestion. Et, cependant, le but final du mandat est que le mandant seul recueille les bénéfices, supporte les pertes résultant des opérations du mandat régulièrement accompli. Pour atteindre ce but, nous avons indiqué les procédés plus ou moins défectueux que devaient employer le mandataire et le mandant.

Nous ne reviendrons pas sur les vices de cette procédure ; disons seulement qu'outre les dangers de l'insolvabilité, toujours possible de l'une ou de l'autre des parties contractantes, bien des fois les tiers, qui eussent traité directement avec un mandant intègre, solvable, se refusaient à contracter avec un mandataire de mauvaise foi ou sans crédit.

Un principe, qui présentait dans la pratique de si graves inconvénients, devait promptement être battu en brèche et réformé par les jurisconsultes ou par l'usage. Le premier point sur lequel portèrent les réformes fut celui de la représentation en justice.

Nous avons plus haut étudié comment, par des progrès

successifs, on en vint à admettre qu'un *cognitor*, puis un *pro-curator præsentis*, enfin un simple *procurator* et même un *negotiorum gestor*, dont l'administration avait été ratifiée, représentaient complètement leur mandant dans le sens que nous attachons, dans notre Droit, à ce mot de représentation.

Ces progrès, en matière de représentation, ne furent pas évidemment restreints aux actes judiciaires. Si le besoin de réformer le principe rigoureux de la non-représentation se fit sentir pour les débats judiciaires, il dut aussi s'imposer de bonne heure pour les questions extra-judiciaires.

Une réforme considérable, et que les textes nous signalent comme remontant à une époque assez reculée, fut introduite relativement à la possession. Justinien (*Inst.*, L. II, T. IX, § 5, *per quas pers. nob. acquir*), déclare que, suivant la constitution de Septime Sévère, la possession peut s'acquérir *per extraneam personam*.

Il semble, d'après le texte auquel nous nous référons, que le mérite de cette innovation doive revenir à l'empereur Sévère. Mais Justinien, en se bornant à emprunter à cette constitution impériale cette remarquable disposition, ne dit pas absolument qu'avant cet acte législatif ce progrès n'était pas réalisé. Une pareille assertion serait certainement erronée.

Gaius déjà, tout en reconnaissant que, de son temps, il y a encore controverse sur ce point, déclare cette exception en faveur de la possession admise par certains jurisconsultes. (*Inst.*, L. II, § 95.) On a prétendu qu'avant Septime Sévère la possession pouvait s'acquérir *per extraneam personam*, mais seulement au su de la personne qui prétendait l'acquérir, et qu'il avait innové en étendant ce privilège même aux personnes qui ignoraient la prise de possession de la chose par le mandataire. Cette opinion tombe en présence d'un texte de Nératius (L. XIII, *de acquir. rer. dom.*), qui dit en propres termes : *Dominium mihi, id est proprietas acquiritur, etiam ignoranti.*

Cependant, la presque unanimité des jurisconsultes romains décidait que si le *procurator*, manquant à ses devoirs, au lieu d'avoir l'*animus habendi* pour le mandant, a l'intention de posséder pour lui-même, le mandant n'acquiert pas la possession ; *nihil agetur*, dit Julien (L. XXXVII, § 6, D., *de acquir. rer. dom.*)

Ce mandataire coupable, en prétendant agir pour son compte, est sorti de son mandat, et, pour le mandant, c'est une affaire étrangère au mandat qui a été gérée. Mais Ulpien, souvent plus partisan de l'équité que des vieux principes, plus ennemi d'une iniquité logique que des dérogations aux principes, en faveur de la bonne foi et de la vraie justice, opposa à cette opinion un système tout contraire. Peu lui importait la perfidie du mandataire; il envisageait dans l'espèce non pas l'intention plus ou moins scrupuleuse du mandataire, mais celle de la personne qui avait consenti la tradition. Aussi, alors même qu'il a l'intention d'acquérir pour lui-même, le mandataire, d'après Ulpien, *nihil agit in suâ personâ, sed mihi adquirit.* (L. XIII, D., *de donat.; L. XXXIX, T. 5.)

Quelle que soit l'importance de cette exception remarquable, admise au sujet de la possession, si complète que soit, après Ulpien, la représentation sur ce point, la réaction contre le principe de la non-représentation ne pouvait se réduire à cette seule matière.

La gestion confiée au mandataire pouvait embrasser une grande variété d'actes juridiques, tels que ventes, cautions, louages, etc.; il était indispensable, en dehors des questions de possession, de créer, *utilitatis causâ*, de nombreuses exceptions au principe suranné de la non-représentation du mandant par son mandataire.

Toutefois, pour certaines procédures solennelles, telles que les actions de la loi, pour certains actes dits *actus legitimi* (voir *de reg. jur.*, Loi LXXVII, L. L, T. XVII), et en général pour tous ceux soumis à des solennités de forme, il ne fut jamais admis de dérogations aux principes, du moins tant qu'on leur conserva le caractère solennel qui les rendait rebelles à toute idée de représentation. Mais avec les progrès de la législation, on tendit de plus en plus à dépouiller la procédure de ces paroles, gestes, actes consacrés, parfois ridicules, toujours gênants, et dès lors le nombre des actes, sur lesquels les progrès en matière de représentation ne purent porter, devint excessivement restreint. Nous devions néanmoins en constater l'existence.

Pour peu que nous observions la constitution de la société, ou plus spécialement de la famille romaine, nous voyons tout d'abord quelles personnes devaient être plus facilement admises à représenter un mandant, c'est-à-dire à s'identifier en quelque sorte et à ne former qu'une seule personne juridique avec le représenté. Ce furent les personnes *alieni juris*, les fils de famille et les esclaves. Courbés sous le joug de la puissance du père ou du maître, les esclaves surtout, et aussi, dans une certaine mesure, les fils de famille, n'avaient pas de personnalité distincte. Confondus dans cet ensemble de personnes et de choses qui composaient la *familia*, ils n'étaient, pour ainsi dire, que des machines raisonnables, auxquelles la force motrice de la volonté paternelle ou dominicale donnait l'impulsion première, et qu'elle faisait agir dans la direction voulue.

Placés dans cette condition inférieure, ils étaient plus que tous autres à même de représenter, dans un mandat, la personne de leur père ou de leur maître, dont ils n'étaient, en quelque sorte, qu'une extension et un reflet.

On ne doit cependant pas exagérer cette espèce de nullité

juridique du fils de famille. Il a une personnalité certaine, et qui s'exerce pleinement dans tous les cas où elle n'est pas en opposition avec les intérêts du père de famille. Mais, au point de vue de la question qui nous occupe actuellement, l'intérêt du père étant en jeu dans le mandat qu'il donne à son fils, la situation de ce dernier sera à peu près la même que celle des esclaves.

Aussi, suivant l'exemple des rédacteurs des *Institutes*, nous nous attacherons au cas où l'obligation a été contractée par un esclave, et nous appliquerons en principe ces mêmes règles au cas où c'est un fils de famille qui a contracté.

Il faut bien observer que, si grande que soit la dépendance des esclaves, dès qu'ils sont habilités par le maître à contracter valablement avec un tiers, ce n'est pas en face du maître, mais en face de l'esclave que, d'après les principes ordinaires, doit se trouver le tiers contractant. Et il était autant de l'intérêt des tiers qui contractaient avec l'esclave que du maître qui faisait agir ce dernier, que, passant par-dessus cet intermédiaire qui ne présentait aucune garantie personnelle, les tiers et le maître pussent directement agir l'un contre l'autre.

C'est ce but que poursuivit et réalisa, dans un grand nombre de cas, le préteur, qui le plus souvent n'eût qu'à consacrer dans ses édits des innovations déjà introduites par l'usage.

Avant d'examiner une à une ces actions que le préteur accorda pour ou contre le maître, à raison des contrats de son esclave, nous devons faire une observation qui convient à toutes, et qui nous en fera connaître le caractère commun.

Ce ne sont pas, à proprement parler, des actions spéciales ayant une existence propre, mais simplement des modifications introduites dans les actions civiles ou prétoriennes, dérivant des contrats faits par l'esclave, tels qu'une vente, un louage, un prêt, et qui étaient diversement qualifiées. C'est parce qu'elles n'ont de particulier que cette qualification, qui leur sert de nom spécial, qu'elles sont désignées par les interprètes du Droit Romain, sous la rubrique d'actions *adjectitiæ qualitatis.*

Cette dénomination n'est pas employée par les jurisconsultes romains ; elle est due aux commentateurs.

La plus commune de ces actions, celle qui fut vraisemblablement la première créée, fut l'action *quod jussu.* Elle se donne pour le tout contre le maître, quand l'esclave a contracté sur son ordre (*Inst. L.*, IV, § 1, *quod cum eo.*) En contractant ainsi avec un esclave *jussu domini,* d'après Ulpien, non-seulement on suit la foi du maître (*Inst. L.* IV, T. VII, § 1), mais encore *quonammodo cum eo contrahitur qui jubet.* (*L.* 1 *pro.*, D., *quod jussu.*)

Il n'y a qu'une différence sans intérêt pratique, entre le cas où l'on traite directement avec le maître, ou indirectement par l'intermédiaire de l'esclave ; c'est que, dans cette dernière hypothèse, on agit d'après le Droit prétorien, et non en vertu du Droit civil.

Ulpien, non plus que les autres jurisconsultes, ne distingue entre le cas où il y a eu ordre exprès antérieurement au contrat ou simple ratification de ce contrat.

L'action *quod jussu* était générale, j'entends qu'elle se donnait, pour tout contrat civil ou commercial intervenu, *jussu domini,* entre un esclave et un tiers.

Plus spéciales étaient les deux actions exercitoire et institoire, dont l'institution dérivait du même principe d'Ulpien que nous venons d'exposer (*L.* 1 *pro.*, *quod jussu*), mais qui s'appliquaient tout particulièrement aux rapports créés par contrats entre des esclaves commerçants et les tiers.

L'action exercitoire, comme l'action *quod jussu,* se donne *in solidum* contre le maître, pour tous les contrats que l'esclave préposé à la direction d'un navire a faits en vue d'accomplir ce mandat.

. Si, au lieu de prendre comme capitaine son esclave, on a confié le navire à un homme libre, le préteur concède encore cette action exercitoire contre le mandant ; car les raisons d'é-quité, qui ont décidé le préteur à établir l'action exercitoire, subsistent dans tous les cas, que le capitaine soit homme libre ou esclave.

L'action institoire, calquée sur la précédente, frappe le maître qui a confié à un esclave l'exploitation d'une boutique, d'un commerce quelconque, pour toutes les obligations con-tractées à cause de ce commerce.

Il existe entre ces deux actions intimement liées par leur origine et leur nature une différence importante à si-gnaler.

L'action institoire ne se donne jamais que contre celui-là même qui a nommé l'*institor*. Si ce préposant est lui-même un esclave, l'action *institoria* n'atteint pas son maître, et s'émousse impuissante, inefficace contre l'irresponsabilité de l'esclave. (L. 1, §§ 10, 20, D., *de exercit. act.*)

Si le préposé se substitue un mandataire, ceux qui traitent avec ce substitué ne peuvent nullement recourir contre le préposant principal.

Il n'en est pas de même pour l'action exercitoire. Si l'ar-mateur est le maître lui-même, l'action est donnée contre lui ; s'il est esclave, elle va droit au maître de l'*exercitor*; si le capitaine du navire, nommé par l'*exercitor*, est esclave et qu'il se substitue un autre esclave pour certains actes de sa gestion auxquels il ne peut suffire, l'action exercitoire, fran-chissant tous les degrés intermédiaires, atteint toujours l'ar-mateur du navire ou la personne qu'il a en puissance.

La raison de cette différence est facile à discerner. La direc-tion d'une boutique, d'une maison de commerce, ne présente pas les mêmes difficultés, les mêmes dangers, les mêmes besoins pressants, imprévus, qui se rencontrent dans les opérations maritimes, pour les navigations lointaines et fécondes en périls de toute sorte.

Pour faire face aux désastres que peut avoir à conjurer un capitaine de navire, il fallait lui assurer le plus possible de crédit, et il n'était pas de meilleur moyen de réaliser ce but, que de donner aux tiers, qui contractent avec lui, les garanties les plus étendues.

Pour que les tiers aient droit à l'action exercitoire, il suffit que l'opération faite par le capitaine ou son substitué présente un certain caractère d'utilité, qu'elle ait d'ailleurs ou qu'elle n'ait pas tourné au profit de l'armateur, pourvu qu'elle soit dirigée dans ce sens.

Pour donner lieu à l'une ou l'autre de ces deux actions, il fallait se trouver en présence d'une entreprise commerciale; pour un acte de commerce isolé, on créa bientôt une action prétorienne utile, *ad exemplum institoriæ* (L. v, C., Liv. iv, T. xxv, *de Instit. et exercit. act.*) Enfin, cette action ainsi étendue finit par embrasser toutes les négociations, même non commerciales. (L. xix, *de Instit. act.*, D.)

L'action tributoire, de source prétorienne, comme toutes les actions *adjectitiæ qualitatis*, suppose qu'un esclave s'est servi de son pécule, au su de son maître, pour faire un commerce. Pour garantir l'exécution des engagements pris à cause de ce commerce, le préteur assigne aux créanciers de l'esclave le fonds de commerce et les bénéfices recueillis, pour que distribution en soit faite, par le maître au marc le franc, entre lui, s'il lui est dû quelque chose, et les autres créanciers de son esclave. Si l'un des créanciers croit avoir à se plaindre de cette répartition faite par le maître, on lui donne l'action tributoire pour se faire attribuer ce qui devait lui être réellement accordé.

Le maître a le droit de faire entrer en compte dans ce partage tout ce qui lui est dû, *ex quâcumque causâ.* (Ulpien, L. v, § 7, *de tribut. act.,* D. 14, 4.)

Au § 10 de cette loi, il est dit qu'au cas où un créancier s'est présenté et a été intégralement payé, il doit fournir caution de rapporter la somme qu'il a touchée, s'il survient d'autres créanciers.

Il est à peine besoin de faire observer que l'action tributoire ne peut jamais se cumuler avec les actions exercitoire et institoire; celles-ci, en effet, forcent le maître à acquitter *in solidum* toutes les obligations contractées par son esclave; l'obligation résultant pour le maître de l'action tributoire n'a rien de semblable; elle ne menace pas les propres biens du maître, mais seulement ceux des biens compris dans le pécule de son esclave, que celui-ci faisait servir à son commerce, et que le maître n'aurait pas équitablement répartis entre les créanciers.

Lorsque le maître confie un pécule à son esclave, celui-ci est censé agir pour tout ce qui concerne ce pécule, comme s'il en était réellement propriétaire, et, vis-à-vis des tiers, il contracte comme eût pu le faire son propre maître. Il est bien entendu que cette responsabilité complète, entière, *intra vires peculii,* est nulle au-delà, et que jamais le maître n'a à répondre, par l'action de *peculio,* de ce qui ne fait pas partie de l'actif du pécule.

Nous avons observé que, dans l'action tributoire, le pécule, ou tout au moins la partie du pécule qui était consacrée au commerce de l'esclave, était distribué indistinctement et sans préférence aucune entre le maître, s'il lui est dû quelque chose, et les autres créanciers de l'esclave. Telle n'est pas la situation du maître poursuivi par l'action de *peculio.* La masse partageable entre les divers créanciers ne comprend pas le montant des créances du maître. Ce dernier est privilégié, et tout ce dont il est créancier doit être déduit de la masse commune avant partage.

Le juge doit également déduire du pécule tout ce qui est dû aux personnes soumises à la puissance du maître, à moins que ces mêmes personnes ne fassent partie du pécule. On ne déduit pas les créances du *servus vicarius* contre le *servus ordinarius*.

Mais quand nous parlons de ce que l'esclave doit à son maître, on peut nous opposer cette objection : toute obligation, qui prend naissance entre deux personnes dont l'une est sous la puissance de l'autre, ne peut être qu'une obligation naturelle. L'esclave n'étant tenu que *naturaliter*, aucun lien de droit civil ne peut exister entre le maître et l'esclave. Nous répondrons que, s'il en est ainsi d'après le Droit civil, il en est différemment dans le Droit prétorien. C'est précisément pour amender au profit du maître cette rigueur du Droit civil, que le préteur a permis au maître de recouvrer ses créances contre le pécule, par préférence aux autres créanciers. Et il peut prélever non-seulement ce qui lui est dû personnellement, mais même les créances qu'il a à exercer comme tuteur, comme gérant d'affaires, comme associé, si du moins il n'a aucun autre moyen de se faire indemniser.

Nam, ut eleganter Pedius ait, ideo hoc minus in peculio est, quod domino vel patri debetur, quoniam non est verisimile dominum id concedere servo in peculium habere, quod sibi debetur. (Ulpien, L. IX, § 4, de peculio, 15, 1.)

Le créancier qui s'était fait payer dans le cas de l'action tributoire devait, nous le savons, promettre le rapport, s'il venait à surgir de nouveaux créanciers. Mais le créancier, qui, par l'action de *peculio*, a été intégralement payé, n'est pas tenu de rapporter. Les premiers qui se présentent et obtiennent condamnation contre le maître doivent être payés immédiatement et par préférence à ceux qui devaient se présenter, et qui ne l'ont pas fait : ces retardataires portent la peine de leur négligence, et, une fois le pécule absorbé, le juge déboute de leurs demandes tous ceux qui émettent de tardives réclamations.

Mais, si le maître a payé même par erreur au-delà des forces du pécule, il ne peut pas exercer la *condictio indebiti*. (Ulp. L. xi, D., *de condic. indeb.*, 12-6.) Ce qu'il a payé était réellement dû au moins *naturaliter*, et cela suffit pour exclure toute *condictio indebiti*.

Si les créanciers du pécule ne sont pas complètement désintéressés, ils peuvent, s'ils ont eu soin de ne pas déduire tout leur droit en justice, reprendre jusqu'à parfait paiement leur action de *peculio* toutes les fois que quelque bien tombera dans le pécule, et au fur et à mesure de l'acquisition de ces biens. *Is qui semel de peculio egit, rursus, aucto peculio, de residuo debiti agere potest.* (L. xxx, § 4, D., *de peculio*, 15-1.)

L'action de *peculio* subsiste tant que dure le pécule et après le retrait par le maître ou toute autre cause de disparition du pécule, l'action est continuée aux créanciers pendant une année utile.

L'action de *in rem verso* repose également sur un principe d'équité, mais différent de celui qui a donné naissance aux actions que nous venons d'étudier. Cette action vient non pas de ce que le maître a donné ou est censé avoir donné mandat à l'esclave, mais, comme l'indique son nom, de ce que le maître a tiré profit des opérations faites par l'esclave, et qu'il est juste qu'il ne s'enrichisse pas aux dépens des créanciers de ce dernier.

Cette action ne servit à l'origine que pour le cas où la *res versa*, l'enrichissement provenait d'un esclave, d'un fils de famille. Plus tard, les préteurs étendirent également cette action au cas où c'était un tiers quelconque, une *extranea persona*, qui avait procuré l'enrichissement. Il n'est pas nécessaire que l'enrichissement subsiste au moment où l'on veut intenter l'action ; il suffit de prouver qu'il a existé, qu'il y a eu *in rem domini versum.*

On peut dire, en règle générale, qu'il y a *in rem domini versum* et, par suite, lieu à l'action de *in rem verso,* toutes les fois que l'esclave, s'il était *sui juris,* aurait droit à l'action *mandati contraria* ou *negotiorum gestorum.* C'est le principe que pose Ulpien (L. III, § 2., D., *de in rem verso,* 15-3.)

Regulariter dicimus, toliens de in rem verso esse actionem quibus casibus procurator mandati, vel qui negotia gessit, negotiorum gestorum haberet actionem.....

Les *Institutes* de Justinien, d'après celles de Gaius, disent qu'il n'existe, pour agir de *peculio* et de *in rem verso,* qu'une formule d'action contenant une double *condemnatio.* La *condemnatio* est double, c'est-à-dire que, dans la formule, on prescrivait au juge de condamner le maître pour tous les profits recueillis par lui et pour le surplus jusqu'à concurrence du pécule. (*Inst.,* Just. L. IV, T. VII, § 4.)

Le texte explique aussi que le juge n'estimait le pécule qu'après avoir examiné avec soin si le maître avait profité des opérations de l'esclave préposé à la gestion du pécule.

Paul et Ulpien raisonnent différemment ; ils soutiennent que, dans l'estimation du pécule, le juge doit nécessairement comprendre tout ce qui a tourné au profit du maître, et, par conséquent, disent-ils, agir de *peculio,* c'est agir en même temps de *in rem verso,* ou, en d'autres termes, poursuivre le maître de *peculio,* c'est implicitement le poursuivre de *in rem verso.*

Cette opinion de Paul et d'Ulpien pourrait donner lieu à une interprétation erronée. Les jurisconsultes ne disent pas, comme il pourrait le paraître de prime abord, que l'action de *in rem verso* n'est pas distincte de l'action de *peculio* et ne peut pas exister sans elle. La controverse se borne à ce point :

savoir si, quand il est possible, nécessaire d'intenter l'action de *peculio*, il faut également agir de *in rem verso;* d'après Ulpien et Paul, l'action de *peculio*, dans ce cas, renferme l'autre; d'après Gaius et Justinien, il faut que la formule donne au juge une *condemnatio* dirigée à la fois de *peculio* et de *in rem verso.*

Les jurisconsultes romains sont unanimes à décider que l'action de *peculio* venant à s'éteindre pour telle cause que ce soit, on peut encore agir de *in rem verso.*

Si le maître retire le pécule à son esclave, et il peut opérer ce retrait *ad nutum*, les créanciers du pécule seront encore secourus par l'action de *in rem verso.* De même encore, si l'esclave vient à mourir ou a été remplacé par un autre à la tête de l'administration de ce pécule. (Ulp. L. 1, § 1, de *in rem verso*, D., 15-3.)

Si l'action de *peculio*, qui est anuale, vient à être prescrite, on a encore le droit de requérir l'action de *in rem verso* qui est perpétuelle, j'entends, prescriptible seulement par un délai de trente ans. (L. 1 pr., D., *quando de pec. act.*, 15-2.)

Dans la loi précitée (1, § 2, de *in rem verso*, 15-3), Ulpien suppose que divers créanciers agissent à la fois de *peculio.* L'un d'eux, *cujus pecunia in rem versa est, uberiorem actionem habet.*

Est-ce à dire qu'Ulpien, dans ce texte, contredise son opinion qui est de décider que l'action de *peculio* comprend en soi l'action de *in rem verso?* Nullement. Il ne dit pas du tout qu'il faille intenter une double action de *peculio* et de *in rem verso*, il déclare seulement que, dans l'espèce, l'action de *peculio* donnée au créancier, dont l'argent a été *in rem domini versa*, sera plus avantageuse, *uberior*, que l'action de *peculio* intentée par un simple créancier dont l'argent n'a pas tourné au profit du maître. En un mot, l'argent *in rem domini versa* servira à désintéresser d'abord le créancier qui l'a fourni, par préférence à tous autres. Notre texte ne dit pas autre chose, et une pareille solution n'a rien que de très-équitable.

Ces actions, dont nous venons d'exposer l'utilité et le but, furent primitivement créées par le préteur pour les obligations contractées par un fils de famille ou un esclave. Ce progrès, si considérable qu'il fût, ne pouvait suffire. Dans les cas les plus fréquents de mandats, au lieu de recourir à des personnes *alieni juris*, on prenait comme mandataires des *personæ extraneæ*, des tiers *sui juris*, ces personnes ayant une capacité juridique plus grande et plus de crédit, parce qu'elles pouvaient offrir plus de garanties personnelles que les esclaves et les fils de familles.

Il importait donc que le préteur étendit également, *utilitatis causâ*, le bénéfice de ces actions, aux cas où c'étaient des mandataires *sui juris* qui avaient contracté avec les tiers.

On admit, en dernier lieu, la possibilité d'agir directement contre le mandant par une *condictio*. (*Inst.*, § 8, L. IV, T. VII, *quod cum eo.*)

Illud in summâ admonendi sumus, id quod jussu patris domi-nive contractum fuerit, quodque in rem ejus versum fuerit, directo quoque posse a patre condici, tanquam si principaliter cum ipso negotium gestum esset.....

Il n'est pas à dire qu'on permit d'intenter cette *condictio* dans tous les cas, au lieu et place des actions *adjectitiæ qualitatis*, et que celles-ci, devenues désormais inutiles, durent tomber en désuétude, supplantées par la *condictio*.

Nous croyons que, malgré l'existence de cette *condictio*, les actions *adjectitiæ qualitatis* ont dû présenter encore une grande utilité pratique, et que leur usage s'est maintenu même après que la jurisprudence a eu donné à la *condictio* la plus grande extension.

La règle, sur cette question, peut se résumer ainsi : dans le dernier progrès du Droit, on donne une *condictio* contre le mandant pour les obligations contractées par son mandataire dans tous les cas où on aurait eu cette *condictio*, si les tiers, au lieu de traiter avec le mandataire, eussent directement contracté avec le mandant.

Mais il est inadmissible qu'on ait songé jamais à donner la *condictio* contre une personne, parce qu'elle a contracté par mandataire, alors que cette *condictio* n'aurait pu naître du contrat, s'il était directement intervenu entre le mandant et le tiers.

C'est qu'en effet, la *condictio* n'était pas une action générale. Sous les actions de la loi, les lois Silia et Calpurnia l'établirent de *certa pecunia* et de *omni certa re;* plus tard, des extensions successives accrurent l'emploi de cette action, mais, en principe, on ne put poursuivre par la *condictio* que l'exécution des obligations unilatérales.

Quand il s'agit de contrats de bonne foi, synallagmatiques, et d'actions en résultant, telles que *locati conducti, pro socio empti venditi, præscriptis verbis* et autres semblables, on ne put y employer la *condictio*, action de droit strict.

Dans tous ces cas, on avait alors recours contre le mandant non à la *condictio* qui ne pouvait exister, mais aux actions même du contrat, modifiées et transformées en actions *adjectitiæ qualitatis.*

C'est ainsi qu'on doit appliquer, dans de justes mesures, le bénéfice de cette *condictio* contre le mandant, et expliquer la coexistence de la *condictio* et des actions *adjectitiæ qualitatis,* dont l'utilité fut toujours incontestable dans un grand nombre de cas.

Tous ces progrès considérables, en matière de représentation, avaient été introduits dans un but d'utilité, d'équité. Ce but n'eût pas été atteint, on eût même réalisé une grande injustice si, se bornant à donner directement action aux tiers contre le mandant, on n'eût donné réciproquement action au mandant contre les tiers.

Cette réciprocité n'exista pas de tout temps, et, pour n'en pas citer d'autre preuve, la loi 1, *in fine*, D., *de inst. act.* 14-3), dit que le mandant *exercitor* ou *institor* n'avait pas d'action contre les tiers, si le mandataire était une personne *sui juris.*

Elle ne fut admise que progressivement, et à titre d'exception d'abord, pour les *exercitores* dont les navires servaient à approvisionner les villes. Ils eurent une action contre les tiers qui avaient contracté avec le capitaine ; cette action, accordée à Rome par le *præfectus annonæ*, et le *præses* dans les provinces, était poursuivie *extra ordinem.*

Une semblable exception fut ensuite introduite en faveur de tout *exercitor* ou *institor.* Ils purent intenter *extra ordinem* une action contre les tiers, mais seulement après enquête, *causâ cognitâ*, et s'ils n'avaient pas d'autre moyen de sauver leur chose. (L. 11, *de inst. act.*)

Cette extension fut suivie d'une autre réforme plus générale. On accorda, en principe, au mandant, sous forme d'actions prétoriennes utiles, les mêmes actions que le mandataire lui-même avait contre les tiers.

Tout d'abord, ces actions ne furent vraisemblablement données pour venir au secours du mandant qu'autant que, sans elles, il aurait été en danger de faire des pertes, de *damno vitando.* (L. v, *de stip. præt*, D., 46, 5.)

Ce bénéfice fut généralisé comme l'indique ce texte d'Ulpien, reproduisant une opinion de Papinien :

Cum domino ex empto agi posse utili actione ad exemplum institoriæ actionis, si modo rem vendendam mandavit ; ergo et per contrarium dicendum est utilem ex empto actionem domino competere. (L. XIII, § 25, *de act. emp. et vend.*)

Un autre inconvénient du principe de la non-représentation du mandant par le mandataire attira l'attention des jurisconsultes romains, et fut par eux utilement corrigé. Le mandataire conserva de tout temps l'action résultant directement du contrat passé entre les tiers et lui. Il pouvait donc intenter cette action, aussi bien que le mandant son action utile. Mais Ulpien nous fait savoir que l'action utile du mandant serait préférée, dans certains cas, à l'action directe du mandataire contre les tiers, et que, si le *procurator* agit contre eux malgré l'opposition du mandant, il sera repoussé à l'aide d'une exception. (L. xxviii, *de procur. et defens.*, D., 3.-3.)

Telles sont les modifications successives apportées par la coutume et le préteur au principe primitif de la non-représentation du mandataire par le mandant.

En résumé, on ne peut pas dire que ce principe disparut absolument de la législation romaine : mais comme un vieil édifice ruiné, dont les décombres sont religieusement respectés, il survécut, dépouillé de toutes ses rigueurs, tout mutilé par les réformes qu'il eut à subir.

La religion des Romains, pour leurs vieux principes, lui permit de vivre comme l'ombre et le souvenir d'une antique institution. En droit, il resta la règle ; en réalité, il ne fut plus qu'une rare exception.

CHAPITRE VI

MODES D'EXTINCTION DU MANDAT

Parmi les modes d'extinction du mandat, il en est de particuliers à ce contrat, d'autres qui ne sont que l'application des principes généraux, au contrat dont nous parlons.

Le mandat s'éteint *ipso jure,* suivant la loi commune, par
la réalisation de son objet; s'il a pour objet un corps certain,
il prend fin quand ce corps certain vient à périr ou à être
mis hors du commerce sans la faute du *procurator,* et, en
général, toutes les fois qu'il survient, sans que cela soit imputable au mandataire, une cause qui rend impossible l'exécution du mandat.

Nous n'entendons point, en parlant de la faute du mandataire, dire que l'absence de faute est une condition essentielle à l'extinction du mandat; dans les cas ci-dessus
prévus, le mandat est toujours éteint, mais la condition du
mandataire est différente, suivant qu'il y a ou qu'il n'y a pas
faute de sa part.

Lorsque le mandat est fait sous condition résolutoire, l'arrivée de la condition, lorsqu'il est contracté sous condition
suspensive, la non-réalisation de la condition, mettent fin ou
obstacle à l'existence du contrat. De même, le mandat s'éteint
encore, *exceptionis ope,* quand il est fait *usque ad certum diem*
et que le *dies ad quem* est arrivé.

Les *Institutes* nous signalent plus spécialement quatre
modes d'extinction du mandat; ce sont : la mort du mandataire, celle du mandant, la révocation des pouvoirs du mandataire, enfin, la renonciation de ce dernier.

I. — Le mandat est, comme nous avons eu à le remarquer,
un contrat fait en considération de la personne du mandataire.
On a compté sur l'amitié, sur l'honnêteté, sur l'aptitude du
mandataire à gérer l'affaire qui fait l'objet du mandat, et on
comprend sans peine qu'on ne puisse continuer cette mission
de confiance aux héritiers qui, le plus souvent, peuvent être
inconnus ou suspects.

Il y a lieu de distinguer, au point de vue de la question
que nous étudions, entre le cas où la mort du mandataire

survient, *rebus adhuc integris,* et celui où il y a déjà eu, lors du décès, un commencement d'exécution.

Dans la première espèce, Gaius s'exprime ainsi : *Morte ejus cui mandatum est, si is, integro adhuc mandato, decesserit, solcitur mandatum.* (L. xxvii, § 3, *mand.*) Le mandat disparaît alors, sans laisser nulle trace de son passage ; il est, si on peut dire, mort-né, ou plutôt c'est comme s'il n'avait jamais existé.

Il ne peut en être de même dans le cas où la mort a simplement interrompu, en pleine exécution, l'œuvre du mandataire. Certes, le mandat est toujours brisé par cette mort ; mais, pour les actes de gestion accomplis par le mandataire, il existe, au profit des héritiers du *procurator* contre le mandant, l'action *mandati contraria,* et contre les mêmes héritiers, au profit du mandant, l'action directe de mandat.

Ces actions font partie de la succession, et si l'un des héritiers a vendu sa part à un de ses cohéritiers ou à un tiers, il est tenu de les transmettre à son acquéreur, comme toutes celles qui sont comprises dans sa quote-part héréditaire. (L. xiv *pr.* et § 1, *mand.*)

Si les héritiers du mandataire ont continué à exécuter le mandat après sa mort, on présume qu'ils ont agi de mauvaise foi et on leur refuse tout recours de ce chef. Mais si le mandataire y avait déjà mis la main, et que ses héritiers n'aient fait que poursuivre l'exécution d'une œuvre qui ne pouvait être interrompue, sans grave préjudice pour le mandant, on comprend que l'action contraire de mandat doive leur être accordée. Il est également juste, qu'en retour, les héritiers du mandataire soient tenus de prendre les mesures rigoureusement indispensables, pour que le mandant puisse le plus promptement possible garantir ses intérêts compromis par cette mort.

Lorsqu'il y a plusieurs mandataires, la mort de l'un d'entre eux n'éteint pas le mandat pour les autres, à moins que leur gestion ne puisse être divisée, à peine de violation du mandat. Dans ce cas, le décès de l'un des co-mandataires met ceux qui survivent dans l'impossibilité d'exécuter fidèlement leur mandat, et, pour ce motif, le mandat prend fin pour tous.

II. — Dans un contrat tel que le mandat, où l'idée de confiance réciproque entre les parties est prédominante, il est naturel que la disparition de l'un ou l'autre des contractants détruise le lien tout personnel que ce contrat avait fait naître entre eux. Aussi, n'est-ce pas seulement la mort du mandataire, mais encore celle du mandant qui rompt le mandat.

De même que le plus généralement le mandant contracte *intuitu personæ procuratoris*, de même, d'ordinaire, le mandataire consent au mandat, par amitié, par dévouement, en considération de la personne du mandant.

Nous retrouvons, au cas de mort du mandant, les mêmes règles que nous venons d'exposer pour le cas où c'est le mandataire qui est décédé. Le § 10, aux *Institutes*, à notre titre, embrasse dans une même phrase cette double espèce et lui donne une solution unique :

Item si adhuc integro mandato mors alterius interveniat, id est vel ejus qui mandaverit, vel illius qui mandatum susceperit, solvitur mandatum.

Nous ne reproduirons pas ici les observations faites ci-dessus, et qui s'appliquent également aux cas de mort du mandataire ou du mandant. La règle de Paul *mandatum morte mandatoris, non etiam mandati actio solvitur* (L. LVIII pr.), trouve encore son application, en y substituant le mandataire au mandant; et il est vrai de dire que la mort du mandant n'enlève pas au mandataire son action contraire de mandat pour tous actes de bonne gestion antérieurs au décès.

Il est même des tempéraments d'équité à la règle, que le

mandat est annulé pour l'avenir et que tout acte fait par le *procurator,* après la mort du mandant, reste à sa charge.

Si le mandataire a ignoré et n pu raisonnablement ignorer la mort du mandant, tous les actes qu'il a faits de bonne foi, sous le coup de cette erreur excusable, sont présumés accomplis pendant la durée du mandat, et on lui donne l'action *contraria mandati* contre les héritiers du mandant, comme si le mandat n'avait pas pris fin à la mort de ce dernier.

Mais si, informé de cet événement, le mandataire n'en tient aucun compte et poursuit ses opérations, il est en faute et n'a pas l'action de mandat. Toutefois, non-seulement il peut, mais il doit même continuer l'exécution de son mandat, si une brusque interruption de sa gestion devait être funeste aux héritiers du mandant.

Alors même qu'il est en faute d'avoir continué son mandat, fût-ce contre la volonté des héritiers du mandant, certains jurisconsultes, Paul entr'autres (L. XL, *mand.*), soutiennent que les héritiers sont tenus *quasi ex contractu* d'une action *negotiorum gestorum* utile. Dans tous les cas, il aurait au moins une action utile de *in rem verso* jusqu'à concurrence de l'enrichissement qu'il aurait procuré à la succession de son mandant.

La *maxima* et la *media capitis deminutio* du mandataire ou du mandant produisaient les mêmes effets que la mort naturelle; comme elle, ce sont pour le mandat des causes d'extinction *ipso jure.* Le mandat finit encore, lorsque le mandant, n'étant lui-même qu'un simple *procurator* et non le *dominus negotii,* ses pouvoirs viennent à cesser pour telle cause que ce soit. *Resoluto jure dantis, resolvitur jus accipientis.*

Il était de principe, dans le Droit Romain classique, qu'une obligation ne pût prendre directement naissance au profit ou au préjudice des intérêts d'une personne, s'il n'y avait eu, avant la mort de celle-ci, un commencement d'exécution.

La loi XXVII, § 1, D., *mand.*, nous montre une application de ce principe au cas de mandat. Il s'agit d'un esclave que je vous ai livré avec cette clause, que vous l'affranchirez après ma mort.

Dans l'espèce, on observe, avec raison, que cette tradition de l'esclave au mandataire est un commencement d'exécution; que ce mandat est valable du vivant même du mandant, car, si celui-ci, changeant de volonté, veut se faire rétrocéder l'esclave, il a, pour obtenir cette restitution, l'action directe du mandat.

Il en est de même, si je vous charge de me construire un tombeau (L. XII, § 17), ou d'acheter après ma mort un fonds à mes héritiers (L. XIII). Un tel mandat est valable, si du moins il y a quelque acte d'exécution pendant la vie du mandant, si, par exemple, celui-ci a par avance fourni les fonds ou donné quelque garantie, quelque caution, pour assurer le remboursement de ce prix d'achat du terrain, ou de la construction du tombeau.

Dans le cas où il n'y avait aucun acte d'exécution du mandat, le mandat *post mortem* ne pouvait être validé que par l'adjonction d'un *adstipulator*. Mais il fallait recourir à une stipulation, et pouvait-on avoir la certitude que l'*adstipulator*, armé des mêmes pouvoirs que le stipulant principal, n'abuserait pas de ces pouvoirs? N'avait-on pas à craindre autant son insolvabilité que sa mauvaise foi?

Justinien trouva un moyen plus radical et plus heureux d'éluder la difficulté. Il la supprima en renversant le principe qui lui donnait naissance, et décidant : *ut liceat et ab heredibus et contra heredes incipere actiones et obligationes*. (L. 1, C. 4-11, *ut act. et ab. her.*)

Dès lors, il n'y eut plus à se préoccuper de savoir si le mandat était exécutoire, avant ou après la mort du mandataire ou du mandant.

III. — Le mandat, en principe, est fait au profit du mandant, et, nous l'avons vu, il n'est pas de vrai mandat là où l'intérêt du mandant n'existe pas.

Partant de cette idée fondamentale, on ne pouvait obliger le mandant à persévérer dans sa résolution, et à continuer toujours et quand même au mandataire une mission, qui devait lui être profitable, mais qui pouvait lui devenir funeste. Il eût été inique de forcer un mandant qui, à l'origine, a cru bien faire, et qui a entrepris une affaire dangereuse, dont il n'a senti les périls que plus tard, à aller jusqu'au bout, à voir peut-être consommer sa ruine.

Le mandant a donc le droit de révoquer, quand bon lui semble, les pouvoirs de son mandataire.

Extinctum est mandatum finita voluntate. (L. XII, § 16.)

Mais cette révocation ne produit pas toujours les mêmes effets. Si elle intervient avant tout commencement d'exécution du mandat, on peut dire qu'il n'y a jamais eu de mandat ; de l'accord primitif, il ne subsiste plus qu'un souvenir, mais d'effets, point.

Si, au contraire, il y a eu un commencement d'exécution, la révocation n'a d'effet que pour l'avenir et, s'il y a lieu, pour les actes de gestion accomplis, on accorde au mandataire l'action contraire de mandat. (L. XV.)

La révocation peut être expresse ou simplement tacite ; celle-ci peut résulter de certains faits qui démontrent suffisamment que telle est la volonté du mandant, par exemple, la désignation d'un autre mandataire pour la gestion de la même affaire.

Pothier prétend même que le mandataire devrait se considérer comme révoqué, et ne pas exécuter le mandat, s'il avait connaissance d'un événement ignoré du mandant, et qui lui fera certainement révoquer le mandat dès qu'il en aura connaissance.

On ne peut opposer au mandataire ou aux tiers cette révocation qu'autant qu'ils ont pu la connaître. (*Inst.*, § 10, *in fine.*)

Si le mandataire a été remplacé à son insu, tous les actes de gestion passés par lui, jusqu'au moment où il sera informé de sa révocation, seront dans les limites du mandat ; car, pour lui, le mandat ne finit que du jour où il se sait révoqué. De même on ne peut rendre les tiers, qui traitent avec le mandataire révoqué, responsables des suites d'une révocation, qu'ils sont excusables de n'avoir point connue. (§ 10, *in fine*, *mand.*)

Si général que soit pour le mandant le pouvoir de révocation, il est des cas où, par exception, ce pouvoir ne saurait s'exercer.

Si je stipule, en me ménageant le concours d'un *adjectus solutionis gratiâ*, c'est-à-dire d'un mandataire chargé de recevoir pour moi le paiement de l'obligation, le mandant n'a pas le droit de retirer seul ce mandat. En effet, il y a pour le tiers un droit acquis à payer, soit entre les mains du stipulant, soit entre les mains de l'*adjectus*. Ce dernier est le plus souvent désigné dans l'intérêt du stipulant, mais il peut l'être à l'avantage du débiteur, et, en fait, celui-ci peut toujours tirer quelque profit de cette facilité de payer à son gré au stipulant ou à son mandataire.

Aussi, pour révoquer les pouvoirs de son mandataire, le stipulant doit, dans l'espèce, s'assurer le consentement du débiteur ; seul, il est impuissant à révoquer valablement l'*adjectus solutionis gratiâ*. (L. XII, § 3, *de solut.*, D., 46-3.)

Les pouvoirs du *procurator in rem suam* sont irrévocables pour le mandant, car, dans la *procuratio in rem suam*, c'est surtout le mandant qui est engagé vis-à-vis du mandataire, plus que ce dernier vis-à-vis du mandant. Le *procurator in rem suam* est le véritable *dominus negotii* ; il n'a aucun compte à rendre, et sa condition privilégiée ne saurait être empirée par un simple changement de volonté de son mandant.

Enfin, le mandant ne peut, sans l'assentiment du préteur, exercer son pouvoir de révocation après la *litis contestatio*, qui, en opérant la novation du quasi-contrat judiciaire, a transformé le mandataire *ad litem* en véritable maître de procès.

IV. — De même que le mandant peut, en principe, révoquer *ad libitum* son mandataire, de même il est de règle que le mandataire ne peut, sauf dans des cas exceptionnels, se soustraire aux obligations de son mandat.

Il était libre de ne pas se charger d'une pareille mission, mais dès qu'il en a contracté l'obligation, il doit la mener à bonne fin. *Susceptum consummari oportet.* Mais Paul apporte immédiatement à ce principe une restriction, dont nous avons à apprécier la portée.

Il doit, dit le jurisconsulte, consommer son œuvre, *nisi renunciatum sit.*

Le principe de cette faculté de renonciation est dans le caractère de gratuité du contrat de mandat. Le mandataire, en principe, n'a voulu que rendre service, et il doit lui être tenu compte de ce désintéressement. Si, au moment où il a accepté le mandat, il n'a pas compris les difficultés de l'affaire, s'il n'a cru s'exposer qu'à une faible perte de temps, et que l'entreprise dont il s'est chargé soit longue, onéreuse, préjudiciable à ses propres intérêts, il est juste de venir au secours du mandataire désabusé, et de l'autoriser dans une juste mesure à revenir sur son acceptation.

D'autre part, on ne saurait lui reconnaître, dans tous les cas, ce droit de révocation qui est contraire aux intérêts du mandant. Permettre au mandataire de révoquer à son gré le mandat, c'était méconnaître entièrement le but du mandat; car le mandant, au lieu d'avoir, suivant l'ordre naturel des

choses, le mandataire à son service, eût été à la merci de
toutes ses volontés, à la discrétion de ses caprices.

Pour concilier ces intérêts respectifs du mandataire et du
mandant, on soumit ce droit de renonciation à certaines conditions essentielles.

Quand le mandataire a un motif légitime pour ne plus
s'occuper du mandat, il peut toujours faire cette renonciation.
(Inst., § 1, *mand.)* Tels sont les cas où le mandant devient
insolvable, où une inimitié capitale s'élève entre les deux contractants, où le mandataire est tenu de faire un voyage indispensable pour ses propres intérêts, ou pour ceux du peuple
romain ; le cas, enfin, où la mauvaise santé du mandataire
l'empêche de remplir fidèlement les obligations du mandat.
(L. XXIII, L. XXIV, D., *mand.)*

Dans les éventualités de ce genre, s'il doit toujours être
excusé, du moins faut-il qu'il invoque ces causes d'excuse,
excusationes alleget. (L. XXV, D., *ibid.)*

On considère comme non avenue une renonciation même
fondée sur un motif légitime, mais que le mandataire n'a pas,
dès qu'il l'a pu, signifiée au mandant.

Si une *justa causa* légitime une renonciation en tout temps,
il est vrai de dire qu'on peut encore renoncer, sans avoir à
alléguer d'excuses, en remplissant certaines conditions.

Le mandataire pourra, sans juste cause, renoncer au mandat, pourvu que la renonciation soit faite de bonne foi. Pour
que la renonciation soit telle, il faut d'abord qu'elle soit
opportune, j'entends que le *procurator* doit la faire à un moment où le mandant peut, sans préjudice, se charger lui-
même de l'affaire ou trouver un autre mandataire. Elle doit
encore ne causer aucun dommage à ce mandant.

C'est seulement dans le cas d'excuse légitime qu'on n'a à
se préoccuper ni de l'opportunité, ni des dangers de la re-

nonciation ; nous savons qu'il suffit alors d'en faire connaître
le motif au mandant.

Quand la renonciation du mandataire est coupable, le
mandant ne peut pas néanmoins contraindre le *procurator* à
une exécution forcée du mandat ; mais l'action directe de
mandat lui permet d'obtenir la réparation de tout le préjudice causé par la renonciation fautive de son mandataire.

DEUXIÈME PARTIE

DU MANDAT EN DROIT FRANÇAIS

(Art. 1984 à 2010 C. C.)

Il serait superflu de reproduire ici les considérations générales déjà exposées sur l'utilité et l'origine du mandat. Il
n'est pas, en effet, de législation qui puisse revendiquer la
paternité de ce contrat, qui n'est d'aucun peuple, d'aucun
pays, et qui n'a d'autre origine que l'amitié et la fraternité
humaine.

Depuis que la volonté humaine, à l'aide des merveilleuses
découvertes de la science moderne, franchit l'espace, atteint
les limites extrêmes de l'univers avec une vitesse voisine de
celle de la pensée même, et que le commerce des hommes
s'est développé à l'infini, le mandat peut, sans exagération,
être dénommé le Contrat par excellence, car il n'en est pas
de plus général dans ses explications, de plus fécond dans
ses résultats.

Il nous suffira d'avoir rappelé ce caractère d'utilité sociale,
qui donne au mandat droit de cité dans toutes les législa-
lations, pour expliquer comment ce contrat présente dans
nos lois une grande analogie avec le mandat des Institutes,

comment la plupart des règles prescrites dans le Code des Césars romains se retrouvent en vigueur dans notre Code civil.

Le conseiller d'État Berlier, dans son exposé des motifs de la loi sur le mandat (séance du 12 ventôse, an XII), crut devoir expliquer en ces termes la presque identité existant entre le projet de loi soumis au Corps Législatif et les textes de la législation romaine : « Dans une telle matière, dont les principes étaient fixés depuis longtemps, il était difficile, il eut été imprudent peut-être de vouloir innover. L'idée heureuse et féconde de réunir en un seul corps les lois civiles du peuple français a donc seule imposé le devoir de recueillir sur le mandat les règles qui lui étaient propres, pour les joindre à cette importante collection. Si, sans être nouvelles, elles ont l'avantage d'être simples et surtout d'être justes, elles obtiendront encore une place honorable à côté de celles que vous avez déjà décrétées. » (1)

Pour que des règles à peu près identiques puissent régir un contrat dans tous les pays nés à la civilisation, il faut qu'elles dépendent non point du génie particulier de tel ou tel peuple, mais qu'elles soient directement inspirées par le bon sens, par l'équité, en un mot, par la conscience humaine.

Nous croirons utile de nous préoccuper moins des règles du contrat, que nous avons déjà observées dans le mandat des Romains, que des innovations ou perfectionnements apportés à la matière par nos législateurs. Nous essaierons d'éviter les redites pour donner tous nos soins aux côtés originaux, si je

---

(1) Dalloz, *Mandat*, n° 6, expose, en citant l'Étude de M. de Saint-Joseph sur la concordance des Codes, que les Codes étrangers des nations civilisées contiennent à peu de choses près les dispositions du Code civil sur le mandat. — (Voir dans Dalloz, *Mandat*, page 631, citations des Codes de l'Autriche, de la Prusse, de la Hollande, de la Sardaigne, de la Bavière, de la Louisiane.)

puis dire, que présente dans notre Droit le contrat de mandat. Nous devrons aussi, soucieux du côté pratique de la question soumise à notre examen, invoquer aussi souvent que possible l'autorité de la jurisprudence si puissante en toute cause, mais plus prépondérante que partout ailleurs dans ce contrat, où le libre arbitre du juge est pour ainsi dire l'unique ou tout au moins la principale règle.

La loi de la matière qui régit actuellement le mandat est la réunion des vingt-six articles (1984-2010), dont se compose le titre III du Livre III du Code civil. Le tribun Bertrand de Greuille soumit au Corps Législatif le projet du tribunat, dont l'adoption fut décrétée sans discussion. La loi fut promulguée le 29 ventôse, an XII.

DÉFINITION. — L'article 1984 donne, du mandat la définition suivante : Le mandat ou procuration est un acte, par lequel une personne donne à une autre le pouvoir de faire quelque chose pour le mandant et en son nom.

M. Troplong fait à cette définition une double critique. L'article 1984, d'après lui, ne parle pas avec une exactitude rigoureuse, et il attache une certaine importance à en signaler les vices, parce que les méprises du législateur ne sont pas indifférentes comme celles d'un auteur. « Les esprits distraits, les intelligences rétrécies, dont la portée ne va pas au-delà du texte, les plaideurs de mauvaise foi qui ont besoin de cavillations, trouvent dans les mauvaises définitions, les uns des pièges, les autres des subterfuges. »

Pothier, dans sa définition du mandat (*Mand.*, n° 1), n'exige pas que le mandataire agisse au nom du mandant, et c'est à tort, dit M. Troplong, que le Code semble prescrire ce *modus agendi*. Le contrat de command, la commission, ne donnent-ils pas des démentis remarquables à l'article 1984? Pour l'interpréter sagement, il faut donc prendre ce texte dans un sens indicatif du cas le plus ordinaire et non pas dans un sens limitatif et prohibitif.

Ce n'est pas tout, dit encore M. Troplong; l'article 1984 n'explique pas que ce qui n'était pour le mandataire qu'un pouvoir d'agir avant l'acceptation, devient depuis l'acceptation une obligation, un devoir d'agir. Pris à la lettre, l'article 1984 laisserait même croire que le mandataire peut répudier le mandat en tout état de cause, et se comporter en homme dont le pouvoir ne dépend que de sa volonté. Le mot pouvoir, inséré seul dans l'article 1984, est donc insuffisant et trompeur.

Le Code n'a peut-être pas tous les torts dont l'accable l'éminent commentateur. Il est difficile de s'expliquer comment, même pris au pied de la lettre, l'article 1984 semble laisser au mandataire acceptant, la liberté de répudiation *ad libitum*. Qu'on reproche au Code de n'avoir pas, dans sa définition, envisagé ce côté de la question, le reproche est fondé. Mais parce que le législateur n'a pas, dans cet article, décidé cette question, traitée peu après dans l'article 1991, faut-il voir dans ce silence une raison de croire que le chargé de procuration n'a que des pouvoirs et non des devoirs vis-à-vis de son mandant?

M. Troplong, en tirant cette conclusion, c'est-à-dire en isolant, pour le mieux combattre, l'article 1984, n'a t-il pas violé la règle « *iniquum est, nisi totâ lege inspectâ, judicare* » traduite dans l'article 1161 du Code civil?

Les critiques, peut-être exagérées de M. Troplong, ont du moins cet avantage de faire ressortir combien il est difficile de donner, du mandat, une définition précise et complète.

Pour prévenir les dangers contre lesquels se briserait notre inexpérience personnelle en face d'une question aussi délicate, il nous paraît prudent d'adopter la définition que propose cet esprit méticuleux, et qu'il analyse en étayant sa propre autorité de la science juridique de Cujas, son inspirateur en cette matière.

« Le mandat est un contrat consensuel et imparfaitement synallagmatique par lequel une personne appelée mandataire ou procureur s'oblige, gratuitement ou moyennant un honoraire, à gérer ou conduire à bonne fin l'affaire licite qui a été confiée à sa bonne foi et à sa prudence, et de laquelle elle doit compte. Deux volontés doivent concourir pour le rendre parfait ; l'une qui dit à l'autre : *rogo;* celle-ci qui répond : *recipio.* »

La définition prônée par le savant auteur nous paraît des plus satisfaisantes, et elle a sur la définition laconique du Code l'avantage de nous donner une idée plus précise, plus complète du contrat que nous avons à étudier. Voyons-en les détails.

Le mandat est un contrat consensuel. Ce caractère, qui est chez nous commun à presque tous les contrats, bien que très-exceptionnel dans la procédure romaine, appartenait déjà au contrat de mandat à Rome. Nous ne croyons pas devoir insister sur ce point.

Le mandat est, au dire de M. Troplong, un contrat imparfaitement consensuel. Le jurisconsulte entend exprimer par là que, dans ce contrat, il n'existe *ab initio* qu'une obligation à la charge du mandataire, sanctionnée par l'action *mandati directa* des Romains, et parfois une obligation née *ex post-facto,* donnant ouverture à l'action contraire de mandat dirigée contre le mandant. Cette idée est parfaitement juste. Mais on est généralement d'accord pour repousser cette dénomination de contrat synallagmatique imparfait, que nos anciens auteurs attachaient au contrat de mandat et à quelques autres, et qui n'appartient certainement pas à la langue du Code. Les rédacteurs du Code civil ne parlent, en effet, que des contrats synallagmatiques et unilatéraux (art. 1102-1103).

Cette classe mixte des contrats dits synallagmatiques imparfaits, n'est pas plus en faveur dans nos textes, qu'elle ne
l'était dans les monuments du Droit Romain.

La définition, dont nous analysons sommairement les termes, dit expressément, que le mandataire doit s'obliger.

Après son adhésion volontaire à la supplique, aux exhorta-
tions plus ou moins impérieuses du mandant, le mandataire
se trouve lié ; il a promis par bienveillance, par amitié ; il
sera contraint d'exécuter sa promesse. Celui qui suppliait
avant, peut exiger après. Il est armé contre son mandataire
d'une action qui lui permettra de le traîner devant les tribunaux et de le réduire à merci.

Pour qu'une transformation aussi brusque, aussi radicale,
s'opère dans la situation juridique du mandataire vis-à-vis de
son co-contractant, il faut que le doute ne puisse planer sur
l'intention de cette personne, de faire ainsi abnégation de son
indépendance pour obliger autrui.

Et il est souvent délicat, en pratique, de discerner si une
personne a eu l'intention de s'engager pour rendre service,
ou a borné son intervention à un simple avis, à un conseil
offert de bon cœur, mais n'engageant en aucune façon la responsabilité de celui qui le donne.

Conseiller, je suis libre de toutes charges ; mandataire, je
dois toutes les subir. Telle est, en deux mots, la différence
profonde qui sépare le mandat du simple conseil.

Mais où finit le conseil ? où commence le mandat ?

Pour élucider cette question dont la solution découle exclusivement des faits de la cause, des circonstances du débat,
nous devons trouver dans la jurisprudence des données précieuses. Les quelques arrêts que nous citerons seront autant
de points de repère qui nous permettront de ne pas nous
égarer dans le dédale des innombrables espèces, dont la variété
effraie l'esprit.

En principe, la jurisprudence statue que l'avocat, pour tous conseils erronés, mais exempts de dol, résultant d'une inexpérience, d'une ignorance blâmable, n'encourt aucune responsabilité (1).

L'avocat, coupable d'une ignorance inexcusable ou d'une grossière imprudence, et de ce chef un blâme sévèrement blâmé devant le Conseil de l'Ordre, gardien de la dignité professionnelle.

Il y a mêmes raisons d'absoudre les notaires et les agents de change qui, consultés par des clients, donnent des avis sincères, des conseils scrupuleux, qui, peut-être, ont amené de déplorables résultats.

Mais, dans tous les cas où un notaire, au lieu de se renfermer dans son ministère, au lieu d'attendre les affaires et de voir venir les clients, va, aux dépens de sa propre dignité et des intérêts de ses confrères, à la poursuite des affaires, offrant ses services avant toute demande, ce n'est plus là un conseiller désintéressé, c'est un agent compromis, un mandataire responsable.

Il a été jugé dans ce sens, qu'il faut traiter comme un mandataire le notaire qui a négocié un prêt dans l'intérêt de son client, et l'a décidé, en l'assurant de la solvabilité d'un nouvel emprunteur, à retirer ses fonds prêtés sur bonne hypothèque. (Rennes, 9 juill. 1834, Dalloz. *mandat*, n° 13, note 1.) Un arrêt de la cour de Douai (22 décembre 1840), a déclaré un notaire responsable dans des conditions analogues, et qui, pour aggraver sa faute, s'était interposé spontanément pour le placement des fonds, avait indiqué les emprunteurs et assuré qu'ils étaient solvables. (Dalloz, *cod.*, page 633, note 1.)

Le notaire qui a rédigé un acte d'emprunt, en l'absence

_____

(1) *Consultor qui imperitè consuluit non tenetur, nisi de dolo.* Bartole, sur la loi x, § 7, D., *mand.*

tant du prêteur que de l'emprunteur, peut valablement être considéré comme mandataire de l'un et de l'autre, savoir : du prêteur, à l'effet de livrer la somme prêtée à l'emprunteur ; et de ce dernier, à l'effet de toucher ladite somme. (Dalloz, *mandat*, n° 413-30. Voir encore Dalloz, Tome XXXIX, *Respons.*, n° 303, *cod.*, n° 370, note 1.)

A côté de ces arrêts contre les notaires, la jurisprudence offre des décisions nombreuses en faveur de ces officiers ministériels, qu'elle sauve souvent de recours injustes. (Voir à ce sujet Troplong, n° 19, *mandat*, et les arrêts cités par cet auteur.)

Il importe de signaler également la distinction, qui doit être faite entre le mandat et la simple recommandation. Autre chose est mander, autre chose recommander. Qui ne connaît l'abus des lettres de recommandation, des interventions officieuses faites au profit de personnes plus ou moins intimes, parfois de solliciteurs importuns, dont vous vous débarrassez à bon compte à l'aide de ce que Bartole appelait *verba commendatoria quæ non obligant?* (Sur la loi XII, § 12, D., *mand.*)

C'est dans les expressions dont les parties se sont servies que les juges, appréciateurs souverains dans cette question de fait, devront rechercher quelle a été la volonté des parties, et écarter le mandat dans les cas douteux.

Pour donner une idée des difficultés très-sérieuses que présente parfois en pratique la question actuelle, voici une espèce sur laquelle les meilleurs esprits ont hésité et se sont diversement prononcés :

Une personne écrit à une autre : Je vous recommande Pierre, mon ami ; c'est un honnête homme et un négociant solvable, dont je connais le crédit ; livrez-lui en confiance les marchandises qu'il vous demandera.

D'après Bartole, d'après Voet, il faut dire qu'il y a plus

qu'une simple recommandation, et que l'auteur de la lettre a
donné un mandat. Cette opinion est, disent-ils, d'un usage
constant parmi les négociants d'Anvers.

Pothier, dont l'opinion est suivie par M. Duranton, n° 202,
tient qu'il ne faut voir dans cette lettre qu'une recommandation pressante, si l'on veut, mais dont l'auteur n'a pas à
répondre.

M. Troplong admet sur ce point une distinction qui semble
des mieux fondées. En principe, à son avis, l'opinion de
Pothier doit être écartée comme trop dangereuse, et il n'est
aucun commerçant qui, recevant une pareille lettre de son
correspondant, ne considère ce dernier comme le donneur
responsable d'un mandat. Cependant, ajoute le jurisconsulte,
si la lettre en question n'était que la réponse à une demande
de renseignements, il serait très-logique de n'y voir qu'une
recommandation pure et simple. Mais si la lettre n'était pas
provoquée, si, au lieu d'être une réponse, elle était l'effet
d'une initiative spontanée, je ne vois pas comment la qualification de recommandation pourrait lui convenir?

La définition du mandat, telle que nous l'avons donnée,
nous amènerait à examiner ici l'importante question de la
gratuité du mandat, par suite, la distinction entre le louage
des services et le prix d'une part, le mandat et l'honoraire
de l'autre. Mais le Code ayant renvoyé après l'article 1985,
qui traite des formes du mandat, l'examen de cette délicate
question, nous croyons devoir suivre le même ordre et placer le débat, à la suite du commentaire de l'article 1985.

Le mandataire, avons-nous dit encore, doit mener à bonne
fin l'affaire qui fait l'objet du mandat. Tout en réservant pour
un chapitre subséquent, l'étude des obligations dont est tenu
le mandataire, nous devons observer qu'il résulte, de cette
obligation de consommer l'affaire dont il est chargé, qu'une
affaire terminée ne saurait donner matière à un mandat. C'est

là une règle empruntée aux Romains. ou pour être plus exact, une règle de bon sens, que les Romains avaient mise en pratique et que nos législateurs ont maintenue en vigueur.

Il faut, dit ensuite notre définition, que l'affaire confiée au mandataire soit licite. C'est l'application dans notre Droit, de la règle d'Ulpien : « *Rei turpis nullum mandatum est.* »

Sur ce point, nous citerons les belles paroles de Sénèque (*de benef.*, Liv. II, C. XIV), qui résument dans notre législation, comme dans celle des Romains, les causes de cette règle de morale : « Il est des choses nuisibles à ceux qui les obtiennent. Ici, ce n'est pas la condescendance, c'est le refus qui est un bienfait. Comme nous refusons l'eau froide aux malades, le poignard aux affligés qui sont dégoûtés de la vie..., ainsi les choses nuisibles, quoiqu'on nous les demande avec instance, avec humilité, en implorant notre pitié, nous persisterons à ne pas les accorder. Il faut considérer le commencement et la fin de notre bienfait..... Accorder une faveur funeste, c'est une haine voilée par la complaisance..... Je ne donnerai à personne sujet de dire de moi : Son amitié m'a perdu. »

Ainsi le mandat, pour faire la contrebande, pour jouer, pour se livrer à des opérations de bourse prohibées, pour faire la traite des noirs, etc., n'engendre aucune obligation.

Rappelons, toutefois, que le mandataire n'est privé d'action qu'autant qu'il a été l'instrument d'agissements qu'il savait mauvais, qu'il a été *conscius fraudis*. Mais s'il a ignoré le but coupable poursuivi par le mandant, sa bonne foi le sauvegarde de tout préjudice, et il peut, par l'action contraire de mandat, recourir en indemnité contre le mandant.

Il ne suffit pas que l'objet du mandat soit licite, moral ; il faut que l'affaire ne consiste pas dans quelque chose d'incertain. Il faut, en outre, qu'elle soit d'une exécution matériellement possible et de nature à être accomplie par le mandataire. La définition que nous avons empruntée à M. Troplong ne mentionne pas ces caractères essentiels dans l'objet du mandat. Vainement, le savant commentateur alléguerait-il que ce sont là des caractères essentiels dans tous les contrats. On pourrait lui dire, qu'il en est de même pour le caractère que sa définition a tout spécialement signalé, car, d'après l'article 1131, C. C., la cause de toutes les obligations doit présenter un caractère licite.

Si l'affaire dont on est chargé n'est ni déterminée, ni tout au moins déterminable, d'après les circonstances dans lesquelles intervient le contrat, on ne conçoit pas sur quoi pourrait porter au juste l'obligation du mandataire ?

Il est parfois malaisé d'établir dans quels cas le mandataire se trouve dans l'impossibilité d'exécuter son mandat. En présence d'une impossibilité matérielle, le doute n'existe pas. Mais il existe des impossibilités morales, juridiques, si je puis dire, qui entravent la gestion du mandataire, et lui permettent de cesser toute action, sans engager sa responsabilité.

Tel n'est pas le cas où le mandataire se trouve empêché d'agir par manque d'expérience, d'habileté. Il est en faute, et par suite, responsable d'avoir entrepris, sans consulter ses forces, une affaire au-dessus de ses moyens. Il suffit que le mandant ait pu, sans absurdité, supposer que le mandataire avait le pouvoir de faire la chose dont il se chargeait.

L'achat de la propre chose du mandataire ne peut pas être la matière d'un contrat de mandat; car le mandataire se trouverait à la fois acheteur et vendeur, ce qui est inadmissible.

Que décider dans le cas où il a été donné mandat à une personne d'acheter une chose qu'il croit être à autrui et qui lui appartient ?

Un mandataire a payé, par exemple, 10,000 francs de ses

deniers, pour acquérir, au nom du mandant, une chose qu'il apprend, depuis le paiement, être la sienne. La vente est nulle incontestablement, et il résulte de là que le mandataire aura une *condictio indebiti* contre le vendeur.

Si ce dernier est insolvable, aura-t-il contre le mandant l'action contraire de mandat pour rentrer dans ses déboursés? M. Duranton la lui refuse, parce qu'il a payé en exécution d'un contrat nul, et que d'ailleurs il est plus blâmable encore que son mandant de n'avoir pas su que la chose dont il devait faire l'acquisition lui appartenait.

Ce raisonnement n'est pas fondé. Le mandataire a pu raisonnablement ignorer son droit de propriété, et si, exempt de faute, il a mis tous ses soins à l'exécution du mandat dont on l'avait chargé, où trouver une raison plausible pour ne pas l'indemniser?

Aussi doit-on dans l'espèce prononcer la nullité du mandat contre le mandant, et le valider en faveur du mandataire qui a loyalement agi.

Nous avons rencontré, en Droit Romain, des exceptions à la règle que nous étudions actuellement; mais notre Droit ne consacrerait pas les solutions que nous rappelons ici et sur lesquelles nous n'avons pas à revenir.

Il y a même raison de prononcer la nullité du mandat, par lequel on charge une personne non plus d'acheter, mais de vendre une chose qui lui appartient. Il est bon de rappeler cependant que, si la chose vendue est une chose mobilière, le mandataire ne peut en revendiquer la propriété, si le possesseur de la chose peut invoquer en sa faveur la prescription instantanée de l'article 2270 C. C. Mais il aurait, dans ce cas, un recours contre son mandant, dont les ordres ont été la source première du préjudice, que lui cause la perte de sa chose.

Dans ce même ordre d'idées, nous reconnaîtrons encore que

le mandat donné à un tiers d'acheter une chose dont on est déjà propriétaire, doit être réputé inexistant. Néanmoins, nous devons faire les mêmes réserves que dans les espèces précédentes, en faveur du mandataire de bonne foi. Si, se conformant aux volontés du mandant, il a payé au vendeur la valeur de la chose appartenant déjà à son mandant, celui-ci devra le rendre indemne, sauf son recours contre le tiers vendeur.

Si un tuteur charge un tiers d'acheter pour son compte les biens du pupille, ce tiers peut se refuser à l'exécution du mandat. S'il l'exécute, il est tenu même vis-à-vis du tuteur; car la nullité de la vente consentie en violation de l'article 1596 C. C., n'étant prononcée que dans l'intérêt du mineur, le mandataire ne saurait s'en prévaloir pour se dispenser de rendre compte.

Il est des cas très-rares, mais qu'on ne saurait passer sous silence, où le mandat ne peut avoir lieu; des actes qu'il est essentiel de réaliser soi-même, actes tellement personnels, tellement solennels, que leur invalidation serait certaine, si on avait eu, pour y procéder, recours à des représentants.

Ainsi sera nul tout testament fait par un chargé de procuration.

Le Droit Romain et notre ancienne jurisprudence avaient admis le mariage par mandataires, et notre histoire nous fournit des exemples d'alliances ainsi conclues entre plusieurs de nos rois et des princesses étrangères par l'intermédiaire de délégués. Merlin (*Répert.*, T. XVI, *mariage*), tient qu'il en doit être de même sous l'empire du Code. Mais cette opinion est isolée, et la doctrine est unanime à reconnaître qu'il n'est pas possible de se faire représenter à l'acte de célébration du mariage. Le oui sacramentel doit être prononcé par la personne même qui contracte mariage.

Quant au brocard « en France nul ne plaide pas pro-

cureur, » quoiqu'il soit assez souvent rappelé même de nos
jours devant les tribunaux, il présente très rarement un
sens pratique. M. Troplong, dans sa préface du *mandat*, dit
que cette maxime a fait son temps, et que la loi et la pratique
de tous les jours protestent contre une telle idée.

À l'époque féodale, les plus puissants vassaux du royaume
s'étaient arrogé le droit de plaider, comme le roi lui-même,
par procureurs. C'est contre ces sujets hautains que les Parle-
ments érigèrent en principe cette règle que nul en France,
hormis le chef de l'État, ne pouvait plaider par procureur.
Mais aujourd'hui, dans un pays où l'égalité devant la loi est
la règle absolue, ce principe, dont la valeur toute politique
était jadis considérable, n'est plus qu'un véritable archaïsme.

La procédure ne marche guère qu'à l'aide de procureurs,
dont la constitution est presque toujours nécessaire et obligatoire. Pour trouver un sens à la maxime que nul ne plaide
par procureur, il faut dire que tout plaideur, alors même qu'il
se fait représenter par un fondé de pouvoirs, doit présenter
sa requête en son nom. C'est une règle de bon sens qui ne
gagne qu'une certaine obscurité à être énoncée sous la forme
de cette maxime surannée, qu'il eût beaucoup mieux valu
laisser à l'ancienne jurisprudence, où elle avait un tout autre
sens et une autre valeur.

Notre définition dit encore que le mandataire doit s'obliger
pour autrui.

C'est, en effet, le cas le plus général. Mais est-ce à dire
que l'intérêt du mandataire lui-même ou l'intérêt d'un tiers
ne puisse être combiné avec celui du mandant, être mis en
cause comme celui-ci dans notre contrat? Personne ne le
soutient. Le mandat peut avoir lieu dans l'intérêt du mandant seul, dans l'intérêt du mandant et d'un tiers, du mandataire et du mandant. En un mot, la règle à formuler sur
ce point peut être ainsi conçue : Le mandat ne doit pas

exclusivement concerner l'intérêt du mandataire et l'intérêt du mandant doit nécessairement intervenir pour tout ou partie dans ce contrat; ce qui, sous une autre forme, exclut aussi bien le mandat dans l'intérêt unique d'un tiers que le mandat dans l'intérêt exclusif du mandataire.

Cette règle comporte quelques explications nécessaires. Sur le premier point, à savoir qu'il n'y a pas de mandat dans l'intérêt du mandataire seul, on a opposé comme exception le *procurator in rem suam* des Romains. Mais est-ce là, à vrai dire, une dérogation au principe? C'est ce qu'il me paraît impossible d'admettre.

Le mandataire dispensé de rendre compte n'a-t-il, en échange des bénéfices qu'il doit retirer de son mandat, fourni aucun équivalent pécuniaire, n'est-il, en un mot, qu'un donataire? Le mandant donateur a un intérêt moral à ce que son représentant, enrichi par ses bienfaits, soit tenu vis-à-vis de lui par les liens de la reconnaissance; bien plus, il a un intérêt matériel, indiscutable. Comme donateur, il a droit à des aliments, s'il tombe dans l'indigence (art. 955.) A plus forte raison s'il a reçu ou si on lui a promis un prix, a-t-il un intérêt évident à ce que son mandataire tire profit du mandat constitué en sa faveur; car il échappe ainsi au recours qu'aurait ce mandataire, déçu dans ses légitimes espérances, trompé dans son marché.

Est-il plus exact de dire que le mandat peut exister dans l'intérêt unique d'un tiers, abstraction faite de tout intérêt du mandant? Oui, dit-on, et, pour preuve, prenez le cas d'un mandat par lequel Primus charge Secundus de gérer les affaires d'un tiers, auquel Primus ne doit rien. Ce mandat, selon toute apparence, n'intéresse aucunement le mandant, et ce qui le prouve, c'est que si son *procurator*, malgré une promesse formelle, se refuse à l'exécution du mandat, aucune action n'appartient au mandant parce qu'il n'éprouve aucun

8

dommage. Cette solution, très-exacte du reste, ne prouve qu'une chose : c'est que la convention intervenue entre Primus et Secundus est lettre morte, tant que le mandataire n'a pas spontanément passé des paroles aux actes, tant qu'il n'a pas entamé l'exécution du mandat. Mais, dès que le premier acte de gestion est commencé, l'intérêt du mandant se trouve manifestement en jeu; il est responsable vis-à-vis du mandataire, qui a contre lui l'action contraire de mandat; vis-à-vis du tiers dont les biens ont été gérés par le représentant de Primus, par un autre lui-même, à ses risques et périls par conséquent.

Voilà en quel sens il est vrai de dire qu'il ne saurait y avoir de mandat dans l'intérêt du mandataire seul ou au profit exclusif d'un tiers.

QUI PEUT DONNER OU RECEVOIR UN MANDAT?

Ces deux questions doivent être examinées séparément ; car la capacité requise est différente, suivant qu'il s'agit d'un mandataire ou d'un mandant.

Le Code ne s'occupe pas, à notre titre, de fixer la capacité exigée dans la personne du mandant. Il suffit d'appliquer dans l'espèce, les règles générales sur la capacité en matière de contrats (art. 1123-1125.) Celui-là seul, qui a la capacité de traiter une affaire, peut en confier l'exécution à un autre, et le pouvoir donné par le mandat est nécessairement circonscrit dans les limites du droit dont serait investi le commettant s'il agissait en personne.

L'article 1990 nous apprend que les femmes, mariées ou non, et les mineurs émancipés peuvent être pris comme mandataires. Cette disposition est également applicable aux mineurs non émancipés.

Au premier abord, il semble anormal d'attribuer à des

personnes incapables de s'engager, la faculté de faire pour
un tiers, ce que la loi leur interdit de faire pour elles-mêmes.

Mais le législateur a parfaitement compris que cette disposition découlait de la nature même du mandat et du rôle
qu'y joue le mandataire. Nous verrons, quand nous analy-
serons la situation du mandataire dans le contrat, qu'il est
presque toujours, absolument indifférent à la tierce personne,
avec laquelle vous traitez par l'intermédiaire d'un mandataire, que celui-ci soit capable ou incapable. Car, dit avec
raison le tribun Tarrible, dans son rapport sur le projet de
loi relatif au mandat : que le mandat ait été donné à un
mineur ou à un majeur, à une femme mariée ou à un homme
jouissant de la plénitude de ses droits, la personne du mandataire disparaît comme un échaffaudage devenu inutile après
la construction de l'édifice, et la transaction, relativement
au commettant seul intéressé, a toute la solidité dont elle est
susceptible.

Le choix du mandataire, qui n'a aucune influence sur les
intérêts des tiers qui contractent avec lui, est, au contraire,
fort important en ce qui touche les intérêts du mandant.
Celui-ci sait mieux que tout autre quelle est la personne dont
le concours lui sera le plus utile, et le législateur devait,
comme il l'a fait, laisser à son droit d'option la plus complète latitude. Ne se peut-il faire qu'un mineur, une femme
mariée, un incapable enfin, inspirent à une personne, dont
les intérêts sont en souffrance et qui a besoin d'un secours
étranger pour les relever, plus de confiance qu'un homme de
beaucoup de capacité, mais de peu de foi? Peut-être que,
pressé par les circonstances, vous serez trop heureux de
confier un mandat à un incapable qui se trouve au moment
voulu à votre disposition, alors qu'il vous serait peut-être
très-difficile, impossible même, de trouver un mandataire agréé
par la loi et qui aurait votre agrément.

On avait objecté contre la décision de l'article 1990 que cette faculté, accordée aux femmes mariées de servir de mandataires, pourrait troubler l'harmonie conjugale, et, suivant l'expression pittoresque du tribun Tarrible, blesser le respect dû aux chastes nœuds du mariage. Ce côté de la question fut examiné avec soin; mais le législateur n'en fut pas ému outre mesure.

On a craint, dit le rapporteur du projet, que les démarches accessoires à l'exécution du mandat ne pussent devenir des moyens de désordre et de corruption. Dans son langage emphatique, le tribun Tarrible repousse ainsi l'idée d'un pareil danger : « Oh! ce n'est pas dans l'exercice de la bienfaisance que les mœurs s'altèrent! Cette disposition du cœur, qui nous porte à être utiles, n'a jamais produit que des sentiments honnêtes. Le vice n'a pas une source aussi pure. » Je crois que les arguments du tribun Tarrible ont produit moins d'effet auprès des législateurs du Code, que cette considération, que le danger à courir n'était pas bien grand pour la vertu des femmes. Qui ne sent, en effet, combien serait chancelante, j'allais dire perdue, la vertu d'une femme qui chercherait dans l'accomplissement d'un mandat, des occasions de débauche? Et ce ne sont pas des vertus aussi fragiles qu'on pourrait sauver par des mesures législatives.

DE LA FORME DU CONTRAT DE MANDAT

En étudiant la nature, les caractères généraux du mandat, nous avons pu nous convaincre qu'il y avait un avantage capital à ne gêner par aucune exigence de forme l'action d'un contrat aussi nécessaire aux progrès de la civilisation. La loi romaine, qui entravait si souvent de formalités gênantes les agissements des parties contractantes, avait assuré au mandat cette indépendance de formes qui le rendait accessible à tous et de la plus facile application. Il serait bien étrange que nos législateurs, qui ont rompu avec toutes les traditions formalistes de la législation romaine, eussent, dans le contrat actuel, montré moins de libéralisme que les jurisconsultes de Rome.

Le commentaire de l'article 1985, qui traite de la forme du mandat, nous fournira sur ce point une décisive explication. Cet article est ainsi conçu : Le mandat peut être donné ou par acte public ou par écrit sous seing-privé, même par lettre. Il peut aussi être donné verbalement. Mais la preuve testimoniale n'en est reçue que conformément au titre des contrats ou des obligations conventionnelles en général. L'acceptation du mandat peut n'être que tacite, et résulter de l'exécution qui lui a été donnée par le mandataire.

Ce texte nous montre que les deux éléments qui doivent concourir pour faire naître le contrat de mandat, le *rogo* du mandant et le *recipio* du mandataire, sont cependant susceptibles d'une existence distincte et successive, qu'ils peuvent être envisagés séparément. A tel point que, dans le projet du Code sur le mandat, la procuration était assujétie à la nécessité de l'écriture et non l'acceptation. La procuration fait le titre du mandataire; l'acceptation forme le titre du mandant.

Nous examinerons tout d'abord en quelles formes la procuration peut être donnée d'après l'article 1985 ?

La procuration, dit l'article, peut être donnée par acte authentique ou par acte sous seing-privé.

En règle, il est incontestable qu'une procuration sous seing-privé est parfaitement suffisante, mais des difficultés sérieuses s'élèvent sur le point de savoir dans quels cas la procuration doit être authentique, et, dans ces espèces exceptionnelles, si la procuration authentique doit être en minute ou en brevet.

L'authenticité de la procuration est une exigence tout-à-fait exceptionnelle ; il paraît très-rationnel de n'en imposer l'obligation que si des textes précis s'en expliquent formellement. De même, au cas où l'authenticité est exigée, la forme du brevet sera suffisante si le Code n'exige, en termes exprès, que la procuration soit passée en minute. Tel est le cas de l'article 933 C. C. qui, pour l'acceptation d'une donation, veut une procuration authentique et minutée. La procuration devra être également authentique, mais pourra être en brevet dans les actes de l'état civil (art. 36, C. C.) et dans les oppositions au mariage (1).

Nous avons décidé qu'en dehors des cas spécialement prévus par la loi, la procuration sous seing-privé est suffisante, et cette opinion a pour elle la majorité des auteurs et une jurisprudence à peu près constante. (Troplong, *Hypoth.*, T. II, n° 511 et *mandat*, n° 104 ; Duranton, T. VIII, n° 433, etc.)

Il a été jugé en ce sens qu'une procuration sous seing-privé permet : 1° de conférer hypothèque ; 2° de faire une donation par contrat de mariage. (Dalloz, *mandat*, n° 150.)

Mais on ne peut s'empêcher de reconnaître que l'opinion contraire s'appuie sur des arguments sérieux et compte pour elle plusieurs décisions importantes de la jurisprudence. (Voir les arrêts cités par Dalloz, *mandat*, n° 151.)

Les partisans de cette doctrine raisonnent ainsi : S'il suffit d'une procuration sous seing-privé, qui ne voit combien il sera facile d'éluder la loi, quand elle prescrit la forme authentique pour certains actes ? Exiger l'authenticité d'un acte contenant obligation, c'est vouloir que le consentement même à cette obligation soit authentiquement constaté. Or, si le

---

(1) L'article 13 de la loi organique du notariat (25 ventôse, an XI) prescrit aux notaires d'annexer à leurs actes, à peine d'amende, les expéditions des procurations en minute et les procurations en brevet.

mandat est sous seing-privé, qu'y aura-t-il de certifié par le notaire? La présence et la déclaration du mandataire, mais nullement le consentement de l'obligé, du mandant. La loi, par l'authenticité, veut que les parties contractantes soient éclairées sur l'importance de l'acte à accomplir, qu'ils échappent aux suggestions. Ce but sera manqué, si on peut se faire représenter dans l'acte à l'aide d'une procuration sous seing-privé.

Ce raisonnement nous semble fondé, et nous sommes obligé de convenir, avec les partisans de la doctrine que nous persistons à repousser, que, dans notre système, le but que le législateur s'est proposé en exigeant l'authenticité, sera manqué.

Nous répondons que ce n'est pas à nous, mais à la loi même qu'il faut reprocher cette anomalie. Elle a posé la règle générale de l'article 1985, qui permet de donner un mandat aussi bien par acte sous seing-privé que par acte authentique. Où sont les textes qui dérogent à cette règle? Les raisonnements les plus serrés ne pourront nous convaincre. Nous ne plierons que devant la force brutale d'un texte.

« Mais, répondent les partisans de l'authenticité, notre opinion a pour elle des textes. Voyez la loi du 21 juin 1843, sur les actes notariés. Dans son article 2, elle énumère les actes dans lesquels sera nécessaire la présence réelle du notaire en second ou des témoins, et soumet à la même formalité les procurations pour consentir ces divers actes. » Certes, nous ne récusons pas l'autorité de la loi, mais son texte même corrobore notre opinion. Si la règle, sous l'empire du Code, eût été, que la procuration fut passée en la forme qui convient à l'acte pour lequel elle est donnée, pourquoi les rédacteurs de la loi du 21 juin 1843 l'auraient-ils si inutilement reproduite? N'est-il pas plus logique d'admettre que, se trouvant dans une matière exceptionnelle, ils devaient, pour écarter la règle commune, formuler expressément leurs réserves.

Le mandat donné par cet acte sous seing-privé n'a pas besoin d'être fait en double original, comme l'article 1325 C. C. l'exige pour la validité des actes synallagmatiques. Cet article, en effet, ne vise que les contrats synallagmatiques engendrant *ab initio* des obligations réciproques, et laisse en dehors de ses prescriptions les contrats que nos anciens auteurs appelaient synallagmatiques imparfaits.

Le mandat par lettre, dont il vient d'être parlé, n'existe pas comme contrat parfait dès la réception de la lettre par le mandataire. D'autre part, on ne saurait exiger, pour valider un pareil mandat, que l'acceptation du mandataire soit connue du mandat. A quel moment devrons-nous donc faire remonter la perfection du mandat par correspondance?

Précisons par un exemple :

Un négociant charge par lettre un mandataire de lui acheter des marchandises dont il a un grand besoin, et de les lui expédier au plus tôt. Que décider au cas où le mandataire dès la réception de la lettre, se met à l'œuvre, achète ou expédie, pendant que, de son côté, le mandant se fournit de marchandises sur un autre marché, sans avoir pu décommander à temps la demande d'envoi faite à son commissionnaire? Dans le cas encore, où le mandataire, sans faire connaître son refus au mandant, néglige complètement sa demande et compromet par son inaction l'intérêt du mandant?

Pour résoudre cette question, la meilleure règle à suivre est de consulter les faits, de peser les circonstances. On recherchera si le mandataire, en cas d'exécution, a agi avec diligence et bonne foi; en cas d'inaction, s'il est excusable de n'avoir pas fait savoir à son mandant qu'il ne se chargeait pas de son affaire. Avait-il dans la tête de graves préoccupations, était-il absorbé par des affaires très-importantes, et l'objet du mandat était-il minime, la personne qui s'est adressée à lui, était-elle une inconnue, une ennemie? Le juge arbitrera tous ces moyens de défense et prononcera *ex æquo et bono* la condamnation ou l'irresponsabilité du mandataire.

Le mandat, dit encore l'article 1985, peut être verbal, et M. Troplong complète cette idée en ajoutant qu'il peut aussi être donné par gestes. La pensée, en effet, peut se traduire par des gestes, tout comme par des paroles. Il est naturel que dans ce contrat où l'unique préoccupation du législateur est de découvrir la volonté claire et précise du mandant, un signe de tête, un geste quelconque, dont le sens ne saurait être douteux, soit aux yeux de la loi l'équivalent d'une parole. Les manifestations de la pensée peuvent se produire sous toutes les formes : qu'elle soit mimée ou parlée, pourvu qu'elle soit exprimée nettement et sans ambages, la loi doit être satisfaite ; ses exigences ne vont pas au-delà.

On s'est demandé si un mandat verbal suffit pour représenter un mandant devant un notaire. L'affirmative doit être soutenue, car l'article 1985 ne fait aucune distinction. Quant à l'annexe exigée par l'article 13 de la loi de ventôse, il ne saurait en être question.

Nous devons placer ici l'examen d'une question importante, l'étude du mandat tacite.

Le Code admet-il le mandat tacite? La question a fait doute, et des auteurs de mérite ont soutenu qu'il devait être écarté.

Les précédents historiques sont en faveur du mandat tacite. Le Droit Romain l'avait reconnu, et nous rappellerons ici le texte d'Ulpien qui l'admettait de la manière la plus explicite : « *Semper qui non prohibet pro se intercenire, mandare creditur.* » Telle fut aussi la règle dans notre ancienne jurisprudence, et Pothier (*Mandat,* n° 20), reconnaît au mandat tacite la même autorité qu'au mandat exprès.

Pour qu'une règle en vigueur depuis tant de siècles ait disparu de notre Droit, il faut qu'elle ne soit plus en harmonie avec les principes reconnus en notre matière, et que non-seulement les rédacteurs du Code aient omis de la mentionner, mais encore qu'ils l'aient formellement proscrite.

Tel est l'avis de MM. Toullier et Proudhon qui voient, dans les dispositions de l'article 1985, combinées avec celles de l'article 1372 C. C., l'abrogation du mandat tacite.

L'article 1985, disent-ils, ne fait aucune mention du mandat tacite ; et, dans sa deuxième partie, on peut dire qu'il l'exclut implicitement, car il admet expressément l'acceptation tacite, proscrivant ainsi par son silence le mandat tacite lui-même. Consultez encore le texte de l'article 1372. Il vous dit que, si vous gérez l'affaire d'une personne sans opposition de sa part, par suite, avec son approbation tacite, vous êtes non pas un mandataire, mais un simple gérant d'affaires. M. Duranton (T. xviii, nº 218), MM. Delamarre et Lepoitvin, T. 2, admettent cette argumentation. Mais, d'après eux, quoique aboli en général, le mandat tacite tout aussi conforme à la raison que le mandat exprès, est admis dans beaucoup de cas par la force des choses, plus puissante qu'une prohibition sans motifs.

Cette opinion est généralement repoussée, et la solution contraire, à laquelle nous n'hésitons pas à nous rallier, est constamment admise devant les Tribunaux.

C'est qu'en effet l'abrogation du mandat tacite serait en désaccord avec les principes qui ont inspiré toute la législation du Code et plus spécialement la loi du mandat. Trouvons-nous dans notre Droit, comme à Rome, des manifestations privilégiées du consentement des parties contractantes? Non. Le consentement est-il certain, indéniable, cela suffit dans une législation inspirée avant tout par l'équité et la bonne foi.

Où donc voyons-nous que le législateur a dérogé à ces principes en matière de mandat? Or, les adversaires du mandat tacite, se condamnant eux-mêmes dans cet aveu, ont reconnu, et avec raison, qu'il était tout aussi conforme à la raison que le mandat exprès. Pour se déterminer à repousser un principe aussi rationnel, ont-ils donc trouvé dans le Code des arguments de texte irrésistibles? Il le faudrait, mais cela n'est pas.

Ils invoquent l'argument *a contrario* de l'article 1985. Mais, en général, de pareils arguments ne servent qu'à confirmer d'autres raisons plus sérieuses. Et ici, nous devrions reconnaître que cet argument, s'il était fondé, justifierait cette innovation considérable, disons même déplorable, que la raison repousse et qui est contraire au système général du Code. Mais cet argument de texte indirect, vague, est détruit par des arguments de textes précis en sens contraire.

L'article 1578 cite un cas de mandat tacite, celui où le mari jouit sans opposition des paraphernaux de sa femme. Voyez encore, en matière de dépôt, l'article 1922 qui met sur le même pied le consentement exprès et le consentement tacite.

La rédaction peut-être défectueuse de l'article 1951 s'explique historiquement. Le projet du Code, article 2, voulait que le mandat ou procuration fût écrit ; la preuve de l'acceptation pouvait, au contraire, résulter des faits d'exécution. Le tribunat combattit cette distinction, et fit insérer des réserves en faveur du mandat verbal et de la preuve testimoniale. Dès lors, l'oubli de mention du mandat tacite n'avait plus de portée. Le droit commun comblait la lacune, car il fut déclaré dans les discours officiels des Commissaires du gouvernement et du tribunat, que le mandat n'est assujéti à aucune forme particulière, qui soit essentielle à sa validité.

L'argument tiré de l'article 1372 ne paraît pas plus

concluant. D'après M. Toullier, ce texte aurait complètement changé la théorie du Droit Romain et de notre ancienne jurisprudence, en matière de gestion d'affaires. Il a été fait à cette objection plusieurs réponses. L'une consiste à dire que le cas prévu par l'article 1372 est celui où le maître a su, mais n'a pu empêcher l'immixtion du tiers dans la gestion de ses affaires. Tout en reconnaissant que, dans cette hypothèse, il y aurait en effet, gestion d'affaires et non mandat tacite, nous ne croyons pas que le législateur ait simplement visé cette situation exceptionnelle dans l'article 1372. Nous considérons comme plus décisive l'explication fournie par d'autres auteurs, et dont les éléments sont puisés dans le Droit Romain et dans notre ancien Droit.

L'article 1372, a t-on dit, au lieu de bouleverser les principes reconnus de tout temps, ne fait que les consacrer. Il a eu vue le cas où la gestion d'affaires a été commencée à l'insu du maître, mais sans que son ignorance ait persévéré jusqu'à la consommation de l'affaire.

Cette connaissance tardive, *ex postfacto*, ne change pas la nature de l'affaire. De nombreux textes en Droit Romain établissent la vérité de ce principe. (Ulpien, L. vi, § 2, D, *mand.; L. i, D, de negot. gest.* — Paul, L. xx, § 1, D, *mand.*; Scœvola, D, L. ix ; Code, L. ix, *de negot. gest.*), etc.

M. Troplong n'hésite pas à décider que c'est à une connaissance pareille que fait allusion l'article 1372 C. C., et, à l'appui de son dire, il invoque les affirmations émises par le conseiller d'État Treilhard, dans son exposé des motifs (séance du 9 pluvi., an vii), et par le tribun Bertrand de Greuille, dans son rapport au tribunat (séance du 16 pluvi., an xii), sur la loi relative aux engagements qui se forment sans convention. L'un et l'autre orateur citent formellement l'espèce de l'article 1372, qui suppose l'absence ou l'ignorance du maître au commencement de la gestion. (Dalloz, T. xxxiii, *oblig.*, Tit i, J.I. n°¹ 455 et 461.)

Cette opinion a pour elle la jurisprudence. Un arrêt de la Chambre des requêtes du 24 mars 1830 (Dalloz, T. xxx, 1ʳᵉ partie, page 29), dénomme et approuve expressément le mandat tacite. (Voir encore Dall. 41, 1, 281, — 36, 1, 17 et 18.)

On oppose à cette jurisprudence si accentuée en faveur du mandat tacite quelques arrêts qui semblent refuser aux domestiques, chargés d'approvisionner le ménage, la qualité de mandataires tacites de leurs maîtres. Mais c'est là une interprétation erronée des arrêts que l'on invoque. Dans les espèces mises en cause, les domestiques ont, au contraire, été parfaitement considérés comme mandataires tacites ; mais ce mandat tacite n'allait pas jusqu'à acheter à crédit ; il se bornait à des achats au comptant. Les arrêts dont nous parlons ne décident pas autre chose. M. Duranton, n° 220, pense que les circonstances de la cause, notamment l'habitude où serait le domestique de prendre à crédit chez les fournisseurs, pourrait faire décider qu'il a agi de l'aveu de son maître, dans le cas surtout où il s'agirait d'une fourniture ordinaire. Cette observation est parfaitement juste.

En résumé, la raison, les textes, la jurisprudence et la grande majorité des auteurs se prononcent en faveur du mandat tacite.

M. Toullier semble refuser à cette question une importance pratique, qui n'en est pas moins réelle et des plus sérieuses. Il n'est pas indifférent, comme semble le dire cet auteur, d'être poursuivi par l'action de gestion d'affaires ou par l'action de mandat. Le gérant d'affaires est tenu, de par l'article 1375 C. C., de justifier de la nécessité, ou tout au moins de l'utilité des impenses qu'il a faites. Le mandataire, lui, n'a pas à se préoccuper de l'heureuse issue des affaires qu'il a à gérer : nous verrons, avec l'article 1999, qu'il n'a à fournir aucune justification de ce genre, qu'il lui suffit de rester strictement dans les limites de son mandat, pour avoir droit à être indemnisé de toutes ses dépenses.

Une autre distinction que nous aurons à remémorer dans le cours de notre travail, en étudiant l'extinction du mandat, c'est que le mandataire n'est tenu de continuer sa tâche, à la mort du mandant, que seulement dans le cas où il y a péril en la demeure (art. 1991). Le gérant d'affaires doit, dans la même circonstance, poursuivre sa gestion jusqu'à ce que les héritiers du *de cujus* aient pu prendre en main la direction de l'affaire (art. 1373).

DU MANDAT GRATUIT ET SALARIÉ

(Art. 1986)

La gratuité du mandat est un principe qui découle de la source pure de ce contrat.

Poussant jusqu'à ses conséquences les plus extrêmes l'application de ce principe vrai, qu'un contrat né de la bienfaisance et de l'amitié ne peut être un moyen d'enrichissement, les législateurs romains avaient radicalement proscrit du mandat toute idée de salaire. Toute stipulation d'un prix faisait dégénérer le mandat en louage de services ; le mandat était gratuit dans son essence.

Nous n'avons pas oublié quels efforts ingénieux ont été tentés pour obvier aux inconvénients considérables, aux dangers que présentait dans la pratique cet austère principe de la gratuité du mandat ; comment, pour rappeler les expressions mêmes d'Ulpien, *remunerandi gratiâ honor intervenit?*

Avant de rechercher quelle est sur ce point la théorie admise par nos législateurs, nous croyons utile de faire ressortir l'intérêt pratique de la question, en d'autres termes, de distinguer bien nettement le contrat de mandat du louage de services.

Le louage est un contrat qui oblige *ab initio* chacune des parties. Dans le mandat, le mandataire est seul obligé à l'origine, et le mandant n'est lié que *ex postfacto*.

Une seconde différence découle de celle que nous venons d'énoncer : c'est que si le louage est constaté par un acte sous seing-privé, il doit être fait en double, conformément à l'article 1325 ; le mandat, au contraire, s'il est sous seing-privé, est dispensé de la formalité du double. De plus, tandis que le mandataire peut renoncer au mandat, nous verrons, plus tard, à quelles conditions l'ouvrier ne peut jamais révoquer le louage par sa seule volonté.

Les salaires des locateurs sont en général privilégiés (2104-4°, 2102-6°, 2103-4° C. C., 549 C. Com.) ; ceux des mandataires ne le sont pas.

La solidarité existe de plein droit à l'égard des co-mandants. Elle n'existe qu'en cas de stipulation expresse entre les co-locateurs.

La mort du maître laisse subsister le louage d'industrie (1795). La mort du mandant brise le mandat (2003).

Sous le bénéfice de ces observations, nous abordons le commentaire de l'article 1986, qui résume la théorie du Code sur la gratuité du mandat. Le mandat, dit le texte, est gratuit, s'il n'y a convention contraire.

De prime abord, l'esprit saisit la différence profonde qui sépare, en cette matière, notre Droit du Droit Romain.

A Rome, malgré les subtilités de procédure, qui servaient dans la pratique à battre en brèche le principe de la gratuité absolue du mandat, cette règle était de l'essence de notre contrat, et Ulpien avait raison de dire : *mandatum nisi gratuitum nullum est.*

Les rédacteurs du Code n'ont pas suivi les errements des

lois romaines, et nous n'hésitons pas à croire qu'ils ont été mieux inspirés que les jurisconsultes de Rome, en ne considérant pas la gratuité comme une condition essentielle du contrat de mandat. Chez nous, le mandat est gratuit de sa nature ; mais nos législateurs ont compris que, sans dénaturer le caractère officieux de ce contrat, les parties pouvaient convenir d'un prix rémunératoire ; en un mot, le mandat salarié est reconnu dans notre Droit, et il se distingue du louage de services sur tous les points que nous avons ci-dessus exposés.

Mais le Code, en proclamant dans un principe laconique la validité du mandat salarié, n'a pas indiqué de *criterium* pour distinguer à coup sûr le mandat à prix, du louage de services. L'article 1986 donne cette simple indication, qu'il faut une convention expresse pour écarter le principe naturel de la gratuité. Nous verrons que cette règle serait une source d'erreurs, si on la prenait dans un sens absolu, car l'usage a reconnu et la jurisprudence a ratifié l'existence de nombreux cas de mandats salariés, à défaut même de convention contraire.

Pour distinguer le mandat salarié du louage de services, on s'attache généralement à deux circonstances intimement liées l'une à l'autre : la nature du prix et la qualité des faits à accomplir.

Le prix, qui est de l'essence même du contrat de louages, prenait à Rome les noms de *merces, pretium,* et le nom d'*honorarium* était réservé à la rémunération exceptionnellement autorisée dans le mandat. Cette différence de termes caractérisait des rapports profondément distincts, et servait à maintenir à chacun d'eux sa physionomie, sa cause et son objet. Notre ancien Droit avait conservé cette distinction, qui se trouve également formulée en termes exprès, dans les discours prononcés par les rapporteurs du projet de loi sur le mandat.

Dans le contrat de louage, le prix emporte avec lui une idée de vénalité incompatible avec tout mélange de sentiment officieux. *Contraria officio, contraria amicitiæ merces*, disait Cujas (sur la loi VII, D, *mand.*) Qu'importe au mercenaire l'étendue du service que son travail vous a, on peut le dire, indirectement rendu? Son but manque de noblesse; il n'agit que par esprit de lucre; l'appât du gain sollicite son ardeur; son cœur n'est pour rien dans l'accomplissement de sa tâche. Ce qu'il lui faut, c'est de l'argent, c'est ce que Cicéron appelle quelque part, d'une expression énergique, l'*auctoramentum servitutis* (*De offic.* 1, 45), et peu lui importe votre gratitude! La *merces* est l'équivalent de l'ouvrage. Le salaire et le travail de l'ouvrier sont deux valeurs au pair.

Tout autre est le caractère de l'honoraire, la nature du prix réservé aux services rendus par le mandataire. Le mobile des actions de ce dernier, ce n'est pas son intérêt, c'est avant tout l'intérêt de la personne qu'il représente. Il veut le bien d'autrui. Il ne compare pas la somme de travail, la quantité de démarches de toute sorte, de préoccupations constantes, au chiffre de la récompense qui miroite sous ses yeux. Il rend souvent d'inappréciables services pour un modique salaire. Avocat, il arrache aux convoitises d'un adversaire de mauvaise foi un riche patrimoine; il sauve votre honneur, votre vie peut-être, d'une accusation capitale; médecin, il vous rend la santé, chose sans prix. Et que lui devez-vous en retour? Un peu d'argent, c'est vrai, mais surtout de la reconnaissance. S'il vous fallait payer en argent tout ce que vous leur devez, ce serait pour vous la ruine, et pour eux la déconsidération. Sans doute, ils vivent, ils ont besoin de vivre de leur science, mais combien plus leurs clients eux-mêmes en vivent, dans leurs personnes ou dans leurs biens!

Ces considérations générales sur la valeur toute pécuniaire des services rendus par le mercenaire, sur la valeur morale

9

des actes du mandataire, nous seront de quelque utilité pour tracer autant que possible une ligne précise de démarcation, entre les faits qui constituent un louage et ceux qui relèvent du mandat.

Il ne faut point confondre l'esprit des diverses professions, les mesurer toutes au profit qu'elles rapportent, ne voir en elles que le mobile de l'intérêt, et négliger le mobile de l'honneur, du dévouement, du bien public qui caractérise plusieurs d'entre elles.

« La philosophie et le Droit, dit M. Troplong, n'admettent pas que le magistrat soit un producteur d'arrêts, comme le tisseur est un producteur de calicots; que le prêtre soit un producteur de prières, comme l'ébéniste est un producteur de meubles; que le génie de la poésie et des lettres produise des drames, des épopées, des livres, comme un mécanicien produit des ressorts d'automate. »

Cette inégalité de mérite et d'honneur, le Droit l'a reconnue et consacrée, en donnant aux unes le caractère de louage, aux autres le caractère plus élevé du mandat. Certes, il n'y a pas de métier, si mercenaire qu'il soit, où l'homme ne puisse se faire distinguer par ses vertus personnelles; mais ce n'est pas de l'homme qu'il s'agit ici, c'est de la profession considérée en elle-même dans ses causes, dans ses moyens.

Il y a des services que tout le monde juge d'une manière identique.

Les professeurs de philosophie et de Droit, que les Romains prétendaient honorer singulièrement, en leur refusant le droit de se faire payer modiquement des grands services qu'ils rendent à la jeunesse, à la patrie, dit Cicéron (*De offic.* 1, 46), ont continué à jouir chez nous de cette légitime considération. Mais on comprend que notre Droit ne pouvait maintenir la règle qui leur interdisait de solliciter un salaire qui ne leur était pas offert.

Si des ingrats la leur contestent, dit M. Troplong, nous ne voulons pas que l'iniquité de ces refus soit seulement flétrie par les satires d'un Juvénal. Nous voulons que la justice ouvre son sanctuaire pour accueillir les plaintes du maître.

L'avocat est, comme le professeur, un mandataire. Vainement, Cujas lui-même s'est-il appliqué à flétrir quelques individualités indignes qui trafiquaient de leur parole ; vainement, Voltaire définit-il avec plus d'esprit que de raison, l'avocat « un homme qui, étant immatriculé, a le droit de plaider pour de l'argent, s'il a la voix bien forte. » Il est impossible de voir des mercenaires dans ceux qu'on décore du titre glorieux, j'allais dire banal tant il est consacré par l'usage, de défenseurs de la veuve et de l'orphelin. Les avocats eux-mêmes sont si jaloux de leur dignité professionnelle, que le Conseil de leur Ordre inflige un blâme sévère à ceux de ses membres qui usent du droit que la loi leur confère, de poursuivre en justice le paiement de leurs services.

Des avocats, nous rapprocherons les notaires qui sont, à plus de titres encore, les conseils des familles, les gardiens de leurs plus intimes secrets. Un arrêt rendu le 24 juin 1840, par la Chambre des requêtes, au rapport de M. Troplong, les traite expressément de mandataires des parties, pour recevoir leurs dispositions.

De l'avis de tous, les médecins, ces amis, qui bravent les fatigues, les dangers, pour guérir le corps ; les prêtres, ces médecins de l'âme, qui, dans leur mission sacrée, affrontent la contagion pour assurer aux mourants le repos éternel, ne sont pas des mercenaires. Car, si l'un vit de sa science et l'autre de l'autel, l'un et l'autre vivent plus encore de foi et de charité.

Il est d'autres professions sur lesquelles l'usage, l'opinion publique, se sont souverainement prononcés, mais dont la doctrine pouvait faire une matière à controverses.

Nous avons vu le Droit Romain tenir en honneur quelques professions aujourd'hui bien déchues, bien déconsidérées, et faire fi des aspirations élevées qui poussaient les hommes à la poésie, à la musique, à la peinture, toutes carrières si honorées de nos jours.

L'arpenteur, la nourrice sont, chez nous, confondus dans la masse des mercenaires, dont on marchande les services et qui vous doivent tant pour tant. La poésie, la musique, la peinture ont, dans notre société, repris tout l'éclat dont elles brillaient dans la Grèce antique. On ne saurait prétendre ravaler au rang des locateurs d'ouvrages, ces génies qui ne seraient pas des génies, s'ils ne tenaient plus à la gloire qu'à la fortune, plus à la renommée qu'à l'argent.

On a longtemps hésité à reconnaître aux *procuratores ad lites*, devanciers de nos avoués, le titre de mandataires. Coquille (*quæst* 107) traite ces procureurs avec une grande défaveur, dont la source était la rapacité assez commune dans cette corporation bien réhabilitée depuis. Pothier (*mand.* n° 125) les traite déjà de mandataires, et le salaire des avoués est certainement aujourd'hui un honoraire, le prix d'un mandat. Toutefois, le vulgaire, égaré sans doute par de vieux préjugés, établit je ne sais quelle nuance entre la profession de l'avoué et la carrière, peut-être plus considérée encore, de l'avocat et du notaire.

Il est moins aisé de s'expliquer comment l'huissier a pu, je n'ose pas dire a dû être rangé dans la classe des mandataires. Cette distinction tient à plusieurs raisons. Leur personne est protégée comme une représentation de la puissance publique; leurs actes font foi jusqu'à inscription de faux; leur salaire est taxé et ne peut être porté par la convention au-dessus du chiffre que la loi leur alloue à titre d'indemnité.

Ce que nous avons dit suffit pour nous faire toucher du

doigt en quoi le mandataire se distingue du *locator operarum*, du mercenaire. Les services du premier valent de l'argent et quelque gratitude, le salarié rend des services qui ne valent que de l'argent.

A première vue, il semble que le mandat salarié, ce contrat dans lequel l'esprit de spéculation est primé par des vues bienfaisantes à l'égard du mandant, ne puisse trouver place dans les matières commerciales. Le commerce n'est-il pas la mise en pratique de la triste devise du chacun pour soi? Y a-t-il autre chose que l'âpre soif du gain dans les préoccupations du commerçant?

Nous n'hésitons pas à répondre que le commerçant n'est pas uniquement préoccupé de son intérêt exclusif, qu'au milieu des tendances intéressées, qui sont propres à tout spéculateur, se font jour des vues désintéressées, des idées de dignité, des sentiments officieux. Il est des professions commerciales qui sont pour la spéculation un bienfait, et qui n'en offrent pas moins certains caractères d'officiosité, et peuvent, par suite, être considérés comme des mandats salariés.

Cependant l'intérêt, qui, dans le commerce, est le mobile principal et souvent unique des transactions commerciales, exerce sur notre matière une influence si considérable, que la règle de l'article 1986 peut être renversée. Le mandat commercial est présumé non gratuit, à défaut de convention expresse en sens contraire.

Dans le commerce et devant les tribunaux consulaires, il est généralement reconnu que le commissionnaire est un mandataire, et des raisons sérieuses déterminent à le décider ainsi. Le droit de commission n'est pas seulement une récompense du travail du commissionnaire, mais une indemnité des risques que fait courir à celui-ci l'insolvabilité du commettant. En traitant sur la foi du crédit que ce dernier lui inspire, le commissionnaire introduit dans le contrat un

élément officieux que la provision, son salaire, ne paie pas.
De plus, le commissionnaire a besoin pour prospérer de jouir
d'un crédit, d'un nom commercial; et ce crédit, qui ne peut
faire l'objet d'un louage, il le met au service de ses commettants. Enfin, la prime fixée par l'usage pour la commission
sur les places de commerce, est si légère et si peu en rapport
avec les services rendus, qu'il est facile de saisir dans ce
contrat le caractère de ministère officieux et de bon service,
qui l'écarte du louage pour en faire un mandat.

Des considérations du même genre ont fait décider que les
courtiers sont, dans notre Droit, comme ils l'étaient dans le
Droit Romain, les médiateurs des parties et les mandataires
de l'une et de l'autre. Il en est de même pour les agents
d'affaires.

Pour résumer en deux mots la théorie du mandat gratuit
et du mandat salarié, nous dirons qu'en matière civile, la
gratuité est de règle, et qu'il faut une convention expresse
pour qu'un salaire soit dû. Il est cependant des professions,
celles de notaire, d'avoué, d'huissier, etc., pour lesquelles un
salaire est dû de plein droit et soumis à un taux fixé par l'usage
ou la loi. Dans le commerce, le mandat est salarié en principe
et à défaut de convention; l'usage le plus souvent permet de
taxer les services rendus par les mandataires commerciaux.

DES DIVERSES ESPÈCES DE MANDATS

Le Code, dans l'article 1987, nous indique deux variétés
de mandats, qu'il oppose l'une à l'autre. Le mandat est, dit le
texte, ou spécial et pour une affaire ou certaines affaires
seulement, ou général et pour toutes les affaires du mandant.

Si nous nous en tenions à la lettre de l'article 1987, nous
devrions dire qu'il n'y a de mandat général que celui qui

embrasse toutes les affaires quelconques du mandant. Ce serait certainement aller contre l'esprit du législateur qui a voulu dire qu'un mandat est général, lorsque le mandataire est autorisé à faire toutes les affaires prévues ou imprévues se rattachant à la fonction qui lui a été conférée, alors même qu'elle n'aurait qu'un objet, comme de faire le commerce à la place du mandant.

Cette opinion, qui est généralement suivie en doctrine, a été aussi consacrée par la jurisprudence. Il a été jugé dans ce sens que le mandat de représenter dans toutes les affaires que le mandant peut avoir devant les tribunaux, est général. (Dalloz, *Mand.*, n° 105.)

Il faut voir, d'après M. Troplong, un mandat général dans l'espèce suivante : Une personne a deux maisons de librairie, l'une à Paris, l'autre en Amérique. Partant pour l'Amérique, elle donne à une personne, pour la représenter à la tête de son commerce de Paris, un mandat aussi étendu que possible. « Le mandataire, en effet, a pouvoir de gérer toutes les affaires qui mettent en mouvement le commerce de la librairie. »

Mais il y aurait certainement une procuration spéciale dans le cas du mandataire chargé avec pleins pouvoirs de défendre à sa guise un procès intenté contre son mandant.

Nous examinerons d'abord l'étendue et les limites de mandat général.

DU MANDAT GÉNÉRAL. — Dans notre étude sur le mandat en Droit Romain, nous avons vu que nos vieux auteurs avaient longuement disserté sur le point de savoir s'il fallait distinguer le *mandatum cum libera administratione* des Romains du *mandatum generale simpliciter*. Cette controverse ne saurait se reproduire dans la loi du Code.

L'article 1088 expose que le mandat général n'embrasse que les actes d'administration, et qu'il faut un mandat exprès, spécial, pour aliéner, hypothéquer, et en général, pour tout acte de disposition.

Les actes d'administration, quelques larges qu'ils soient, sont compris dans la procuration, de plein droit et à défaut de toute mention. Ainsi, un mandataire général pourra donner à bail, pour une période n'excédant pas neuf ans, les biens sur lesquels s'étend son pouvoir d'administrateur.

Un arrêt de la Cour de Paris du 27 novembre 1813 a décidé, avec raison, qu'un mandataire qui a reçu pouvoir de passer tous baux à loyers à tels prix, clauses et conditions qu'il jugera convenables, peut, sans sortir de son mandat, consentir un bail au-dessus de neuf ans.

Il semble, de prime abord, que les actes d'aliénation, les achats et ventes soient toujours exclus de la catégorie des actes, que comporte le pouvoir d'administration d'un mandataire général. Cette règle fléchit dans de nombreuses hypothèses; il est des circonstances telles, que le pouvoir d'administrer implique nécessairement le pouvoir de consentir certaines aliénations, de faire des achats, de s'engager au nom du mandant.

Nous citerons, à titre d'exemple, le cas de l'administrateur général d'un domaine composé de bois, de vignes, de fermes, etc. Ce gérant pourra, sans pouvoir spécial, acheter les instruments de travail, les fumiers, et, en général, tout ce qui est nécessaire à la culture des fonds qu'il administre. Si des réparations deviennent urgentes aux maisons comprises dans le domaine, il pourra traiter avec les ouvriers, acheter les matériaux pour reconstruire, etc. D'un autre côté, il pourra vendre les fruits, le croît des troupeaux, en un mot, toutes choses vénales, qui ne peuvent se conserver sans danger.

Cette liberté de vendre et d'acheter est plus grande encore et plus complète, on peut même dire qu'elle constitue le principal pouvoir du mandataire, dans le cas où la procuration générale s'applique à un commerce qui vit d'une suite non interrompue d'approvisionnements et de débits. On doit décider également que le mandataire général, dans des cas urgents et imprévus, s'il ne peut faire face aux dépenses nécessitées par des besoins impérieux, puise dans cette nécessité même le droit d'emprunter pour se procurer des fonds indispensables.

Peut-il consentir une hypothèque sur les biens du mandant soumis à sa gestion, en vue de réaliser un emprunt impossible sans cette sûreté ?

La question doit être résolue d'après les circonstances. Si l'obligation d'emprunter s'impose, si d'autre part la concession d'une hypothèque peut seule faire aboutir le projet d'emprunt, si, en un mot, le mandataire n'a pu sauvegarder autrement les intérêts confiés à sa vigilance, l'hypothèque, qui n'est qu'un acheminement vers une aliénation éventuelle, pourra être valablement consentie.

C'est avec ces restrictions que l'opinion de Pothier (*mandat*, nᵒ 160), qui reconnaît au mandataire général le droit d'hypothéquer, doit être expliquée et admise.

Le mandataire général peut encore employer les deniers recueillis dans sa gestion, au paiement des dettes qui s'y rattachent ; il doit même satisfaire les créanciers qui se présentent à l'échéance de leurs titres.

En retour, il peut recevoir les paiements offerts ; il doit même les solliciter et donner quittance de toutes sommes reçues. Si, au lieu de toucher la somme due, il consentait une novation au débiteur, et que, par suite de cette novation, la créance n'ait pu être recouvrée, il y aurait certainement là excès de pouvoir, partant responsabilité du mandataire.

Il peut intenter les actions possessoires, personnelles et mobilières, ou y défendre. Mais il ne peut défendre aux actions qui mettent en cause la propriété des immeubles. Il peut prendre ou renouveler toutes inscriptions, prendre et passer titre nouveau.

Il est apte à exercer des saisies mobilières contre les débiteurs. Mais la saisie immobilière est, de l'opinion commune, en dehors de ses pouvoirs. Cette opération est en effet si grave, si coûteuse, que le mandataire ne peut y procéder sans mandat exprès. Il pourrait cependant la poursuivre, si le mandant était, pour cause d'absence ou pour toute autre raison, dans l'impossibilité d'agir par lui-même. Il peut, à bout de moyens, déférer le serment à la partie adverse.

Mais il est des actes pour lesquels une procuration expresse est indispensable. Dans cette catégorie, nous rangerons la remise d'une dette. Une exception est faite à cette règle au cas où, dans une faillite, il est prudent de remettre au débiteur une partie de la dette pour sauver le reste du naufrage. Il en est de même de la donation faite avec les biens du mandant, hormis les gratifications modiques qu'il est d'usage d'octroyer aux employés, aux gens de service; de même de la transaction, du compromis, de l'acceptation d'une donation ou d'une succession, de la renonciation à une prescription acquise, de la caution consentie au profit d'un tiers, etc.

Un pouvoir spécial est nécessaire au mandataire pour interjeter appel et se pourvoir en cassation.

Il ne peut renoncer au droit d'appel par un acquiescement à un jugement prononcé contre son mandant, et s'il a cédé aux sollicitations de son adversaire, le mandant peut, en invoquant l'incapacité du mandataire, rompre ce pacte qui ne le lie pas, et reprendre la lutte en appel. (Arrêt 25 mars 1817, Bruxelles. Dalloz, *mandat*, n° 83, note 1.)

Du MANDAT SPÉCIAL. — Il peut être défini par opposition à celui dont nous venons de parler : un mandat qui n'est pas général.

Nous avons à nous préoccuper ici de la fixation nette et précise des limites du mandat spécial, par suite, de l'étendue exacte des pouvoirs du mandataire. Ce sont des règles d'interprétation, dont il nous faudra rechercher la clef surtout dans l'usage et la jurisprudence.

L'article 1989 porte que le mandataire ne doit rien faire au-delà de son mandat; c'est dire combien il est important de bien préciser où s'arrête le pouvoir, et où commence la responsabilité du mandataire. Nous limiterons nos explications à l'interprétation des termes d'une procuration, qui peuvent fournir matière à controverses, n'ayant d'autre ambition que de montrer, à l'aide d'exemples, comment la jurisprudence et la doctrine entendent les termes ambigus des procurations?

Un négociant, qui a reçu de son correspondant l'autorisation de fournir sur celui-ci un mandat, ne peut pas tirer sur lui une lettre de change. (Arrêt de la Cour de Paris, 11 mars 1836. Dalloz, *mand.*, n° 110, note 1.)

Le simple pouvoir de toucher le montant d'une créance ne renferme pas le pouvoir de poursuivre les débiteurs qui ne paient pas à l'échéance. Telle est la règle; mais il peut ressortir des circonstances que le mandant a voulu comprendre le droit de poursuite dans les bornes de la procuration.

Aux termes de l'article 1989, le pouvoir de transiger n'implique pas celui de compromettre. Un arrêt de la Cour suprême (21 juillet 1822), spécifie qu'un mandataire, investi du droit de compromettre avec faculté d'en appeler de la décision des arbitres, n'a pas le pouvoir de constituer des arbitres en dernier ressort. Il peut seulement acquiescer à leur décision une fois rendue.

Le mandat de transiger ou de se désister comprend le pouvoir de ratifier. Le pouvoir de consentir la vente d'une chose n'emporte pas la faculté de défendre à l'action en nullité de la vente intentée par l'acquéreur. (Arrêt, Dalloz, *mand.*, n° 46.) Le mandataire chargé de vendre une chose n'a pas non plus qualité pour ratifier la vente déjà consommée de cette même chose.

Le mandataire chargé de plaider et d'interjeter appel n'est pas autorisé à se désister de l'appel interjeté. (En ce sens, arrêt de rejet, 16 avril 1844.)

Le pouvoir de vendre ne renferme pas celui de recevoir le prix. (Arrêts, Dalloz, *mand.*, n°s 115 et 100).

Il a été jugé encore que le mandataire chargé de recevoir des sommes dues à un mineur, ne peut, sans une procuration spéciale, opposer la nullité d'obligations souscrites par celui-ci (Grenoble, 27 juin 1816; Dall., *mand.*, n° 121, note 1.)

Mais il a été reconnu qu'une procuration donnée à l'effet de poursuivre le recouvrement d'une créance, en faisant tout ce que le mandataire jugera nécessaire dans l'intérêt du commettant, renferme dans cette formule générale le pouvoir spécial, indispensable pour faire pratiquer valablement une saisie immobilière. (Cour de Paris, 25 mai 1831.)

Un huissier, chargé d'opérer une saisie-exécution, ne peut accepter, au nom de son client, les offres réelles de la partie poursuivie. (Cour d'Aix, 1833.)

La véritable règle à suivre, on le voit, sur cette interprétation des termes de la procuration, est de rechercher, avant tout, l'intention des parties, aussi bien dans un terme spécial que dans l'ensemble des dispositions du mandat; dans le doute sur la portée du mot, on doit interpréter restrictivement le pouvoir du chargé de procuration.

Les circonstances particulières qui accompagnent le mandat peuvent parfois servir à en faire apprécier l'étendue.

Ainsi il a été jugé que le mandat à l'effet de recouvrer une créance, donné sous la forme de cession de créance, constitue un mandat illimité avec pouvoir de transiger et de renoncer à une partie de la créance (Dall., n° 402-4°, note 1.)

Cet arrêt s'appuie sur ce principe de droit et d'équité que la cession transporte ostensiblement au cessionnaire la propriété de ladite créance, et lui transmet, à moins de réserve contraire, tous les droits du véritable propriétaire.

Enfin, il est des cas où la nature de la fonction du mandataire aide et suffit même à régler l'étendue du mandat. Telle est la règle, par exemple, pour les commis-voyageurs au compte des maisons de commerce. Un court aperçu des solutions consacrées par la jurisprudence nous montrera que ce point est peut-être aussi difficile qu'important à élucider.

Un arrêt de la Cour de Metz, 4 juin 1835 (Dall., *mand.*, n° 139, note 1), a prononcé qu'une maison de commerce est obligée de remplir les engagements qui ont été contractés en son nom par son commis-voyageur, et ne peut s'y soustraire sous prétexte qu'elle est dans l'ignorance de ces engagements, et que le demandeur ne les lui a pas fait connaître.

Dans le sens de cet arrêt, la Cour de Paris (2 janvier 1828, Dall., n° 139, note 2), a jugé que le seul titre de commis-voyageur donne, aux yeux des tiers, un mandat général d'agir pour le compte du négociant ; que, par suite, ce dernier ne peut se refuser à exécuter les ventes faites par son commis-voyageur, encore bien que le pouvoir présumé général de celui-ci se trouverait restreint par des conventions particulières entre son mandant et lui.

Un système diamétralement opposé peut invoquer à son appui plusieurs arrêts importants, qui exigent un mandat exprès ou du moins indubitablement établi par les circonstances, et dans le doute déclarent que le commis-voyageur est un simple solliciteur de commissions, chargé non pas de traiter, mais de faire ou recevoir des propositions, qui ne se convertissent en contrats définitifs qu'après acceptation.

Cette théorie est très explicitement exposée dans maint

arrêt dont nous citerons les plus importants : (Montpellier, 21 décembre 1820, *Compét. comm.;* Dalloz, n° 445. — *Requ.,* 10 décembre 1821, *Compét. comm.,* n° 447, note 2. — Voir Dalloz, autres arrêts; *mandat,* n° 141. — *Comp. comm.,* n° 445.)

Enfin, entre ces arrêts rendus dans le sens des deux systèmes absolument contraires, se place une série de décisions qui se bornent à juger en fait, d'après les documents de la cause, tantôt que le commis-voyageur avait mandat de traiter définitivement, tantôt qu'il n'était qu'un porteur d'ordres, n'ayant mission de conclure que des marchés à soumettre à l'approbation de ses commettants. (Dalloz, *mandat,* n° 141.)

Cette jurisprudence intermédiaire, qui met tout système de côté, qui ne classe pas de prime abord le commis-voyageur dans la catégorie des vendeurs, dont les opérations sont toujours définitives et indépendantes de toute ratification, ni dans celle des vendeurs toujours soumis à ratification, nous paraît la meilleure à suivre, car elle cherche autant que possible à se conformer à l'intention des parties.

En résumé, souvent le mandat du commis-voyageur se borne à recevoir des commissions et à les faire parvenir à sa maison, souvent aussi il peut conclure définitivement.

Plusieurs arrêts de la Cour suprême ont reconnu aux juges en notre matière un pouvoir discrétionnaire d'appréciation, qui fait que leurs décisions échappent à la censure de la Cour de Cassation. (Dalloz, arrêts, n° 143, *mandat.*)

EFFETS JURIDIQUES DU MANDAT ENTRE LES PARTIES CONTRACTANTES. — DES OBLIGATIONS DU MANDATAIRE

Le mandataire est tenu de deux obligations principales qui, nous l'avons vu, prennent naissance avec le contrat de mandat lui-même. Obligation : 1° d'exécuter le mandat ; 2° de rendre compte de sa gestion.

§ I. — De l'exécution du mandat.

L'article 1991 nous indique les limites, au point de vue de la durée, de la responsabilité du mandataire.

Il est tenu du mandat, dit le texte, tant qu'il en demeure chargé. Et alors même que le mandat a pris fin par le décès du commettant, les rédacteurs du Code lui imposent de rester en charge, en cas de péril en la demeure.

Mais avant d'envisager la question de la responsabilité du mandataire à ce point de vue, avant de rechercher quand et comment le mandataire se trouve déchargé de ses fonctions, il est essentiel de voir comment il doit s'en acquitter?

Il faut, d'après l'article 1989, que le mandataire ne fasse rien au-delà de ce qui est porté dans son mandat. Il doit également éviter les excès d'action et les excès d'inaction. Il est responsable, disaient en ce sens les Romains, de la *culpa in committendo* et de la *culpa in omittendo.*

Et non-seulement il ne doit pas sortir de son mandat pour se livrer à des actes qui n'y sont pas compris, mais encore il faut qu'il agisse par les moyens indiqués, il faut qu'il conserve à sa gestion les qualités extrinsèques fixées par le mandat.

Les docteurs appellent intrinsèques, les qualités qui ont rapport à l'ordre considéré d'une manière abstraite, en lui-même et dans son objet ; extrinsèques, celles qui ont rapport à l'exécution, qui doivent y présider. Pour fixer, par un exemple, la portée de cette division : dans le cas où une personne est chargée d'acheter du vin de Médoc de telle année, et d'expédier ce vin à son mandant, par une maison de roulage désignée, les qualités intrinsèques sont l'achat du vin de l'année spécifiée et en quantité voulue ; les qualités extrinsèques sont l'expédition du vin par la maison de roulage dénommée dans la procuration. La réunion de ces deux sortes de qualités constitue la forme du mandat.

En résumé, le mandataire ne doit rien faire contre la forme du mandat, au-delà ni en deçà de cette forme.

Mais il est des circonstances dont le concours peut mettre hors de cause la responsabilité du mandataire, alors même qu'il n'a pas exécuté le mandat. L'article 1991 nous indique une de ces circonstances, et le bon sens nous en fait connaître une autre. L'article 1991 déclare que le mandataire ne peut être poursuivi, s'il ne résulte de son inaction même fautive aucun préjudice pour le mandant. D'autre part, le cas de force majeure rend le mandataire irresponsable de l'inexécution de sa tâche. Reprenons cette double cause d'absolution pour le mandataire.

La première n'est pas formellement écrite dans le texte que nous avons invoqué, mais elle y est implicitement comprise. Il y est question de dommages-intérêts qui pourraient résulter de l'inexécution du mandat ; d'où on conclut que si cette inexécution n'a causé aucun préjudice au mandant, le mandataire n'est passible d'aucune condamnation.

Par application de cette règle, on décidera que si vous êtes chargé d'acheter une maison, et que le mandant l'ait achetée pour lui à des conditions semblables à celles qui vous avaient été fixées, il n'est dû à ce mandant, qui n'a rien perdu, aucuns dommages-intérêts. De même, si cette maison, dont le mandataire a négligé de faire l'acquisition, vient à périr peu de temps après l'époque où il aurait dû l'acheter, par le fait, sa négligence, au lieu de lui causer un dommage, a profité au mandant. Celui-ci serait doublement mal fondé à se plaindre.

Une décision semblable doit être adoptée dans l'espèce suivante : Un mandataire est chargé de poursuivre un débi-

teur qu'il sait pertinemment être insolvable. Il s'abstient pour
ne pas poursuivre en pure perte. Son inaction est plutôt louable que blâmable; elle a servi plutôt que compromis les intérêts du mandant. Si encore, vous vous êtes chargé de renouveler une inscription hypothécaire qui était sur le point de
périmer, et que vous ayez négligé l'accomplissement de cette
formalité; vous serez amplement justifié et absous de toute
responsabilité, si vous prouvez que des créanciers, antérieurs
en ordre d'hypothèque, absorbaient et au-delà la valeur de
l'immeuble; que, par suite, le renouvellement de l'hypothèque
eût été un soin inutile, une dépense superflue.

La force majeure, considérée indépendamment des causes
dont elle procède et prise dans ses effets, agit à des degrés
divers qu'il est utile de distinguer. Ou bien elle retarde
simplement la possibilité de l'exécution; ou bien elle l'empêche *ab initio* d'une manière absolue. Elle peut, en troisième lieu, n'empêcher l'exécution que par les moyens prévus,
tandis qu'il est encore possible d'exécuter le mandat par
d'autres moyens. Dans un quatrième cas, elle ne met obstacle
à la consommation du mandat que lorsqu'il est en cours
d'exécution. Enfin, dans une dernière hypothèse, la force
majeure survient après l'exécution du mandat, alors que le
mandataire n'a plus qu'à livrer la chose et le met dans l'impossibilité de remplir cette dernière obligation.

Nous n'admettons pas comme rentrant dans le domaine de
la force majeure la crainte d'une impossibilité probable
d'exécution, enrayant la bonne volonté du mandataire. Ce
dernier doit lutter contre les obstacles qui lui paraissent tout
d'abord insurmontables, et s'obstiner à les vaincre tant qu'il
reste une lueur d'espoir. C'est seulement alors qu'il a la
certitude d'échouer, qu'il peut capituler avec honneur et se
croiser les bras devant cette fatalité qui le condamne à l'inaction. Tel est le principe qui gouverne la matière. Casaregis

10

l'a formulé en quelques paroles concises : « *Diligentias pos-
sibiles tenetur mandatarius facere, licet eas putet non profec-
turas ob arduitatem negotii.* (Disc. 108, n° 26.)

Passons sommairement en revue les aspects divers sous lesquels nous avons vu que pouvait, dans la pratique, se présenter le cas de force majeure.

Et d'abord, l'impossibilité qui se dresse devant la volonté
du mandataire est provisoire, passagère. Elle existe aujour-
d'hui absolue, invincible; demain, il n'en restera plus que le
souvenir. Les auteurs distinguent avec beaucoup de raison
entre le cas où l'objet du mandat est susceptible d'ajournement et celui où il ne comporte aucun délai d'exécution.

Dans ce dernier cas, que peut-on demander au mandataire?
Rien. Ce qu'il eût fait aujourd'hui, il ne peut plus le faire
utilement demain. Son rôle est fini. Il n'a qu'à faire savoir
à son mandant l'événement qui a comprimé son zèle, et cet
avis transmis, tout est consommé pour lui. Mais si l'affaire peut
être ajournée, si, au jour où l'obstacle a disparu, elle peut
encore être gérée avec fruit, le mandataire ne devra pas persévérer dans son inaction désormais injustifiable. Il devra
travailler à la réalisation du mandat et faire connaître à son
mandant la disparition de l'obstacle, comme il avait dû lui
en révéler l'existence. (Arrêts, Dalloz, *mand.,* n° 100.)

Il faut encore proclamer l'irresponsabilité du mandataire
dans le cas où la force majeure a rendu radicalement impossible l'exécution du mandat. Je vous charge de m'acheter
telle maison : elle brûle; tel navire : il fait naufrage. Dans
ces hypothèses, ce n'est pas l'inaction du mandataire qui le
constituera en faute, c'est, au contraire, tout agissement que,
même de très-bonne foi, il tenterait pour exécuter approxima-
tivement le mandat qu'il ne peut accomplir d'une manière
plus exacte. Ainsi, eût-il acheté la maison voisine de celle qui
a brûlé, un navire presque semblable à celui que la fortune

de mer a détruit? rien n'oblige le mandant à ratifier ces acquisitions, faites en dehors de ses prescriptions.

En règle, le mandataire qui a cru pouvoir substituer un objet à un autre, ne peut même pas prétendre au rôle de gérant d'affaires, et revendiquer du mandant tout ce qui pourrait être utile à ce dernier, dans l'acquisition faite en vue de l'obliger, mais au-delà de ses ordres.

Mais il est des circonstances où un mandataire, dans l'impossibilité de s'en tenir aux prescriptions du mandat, pourra en qualité de *negotiorum gestor*, transgresser les ordres que lui a donnés le mandant, dans l'ignorance où il était de l'obstacle infranchissable qui entravait ses projets.

Un exemple que nous empruntons à M. Troplong met à jour cette doctrine que le savant jurisconsulte appuie sur l'autorité de Balde et de Casaregis (disc. 125, n°ᵒˢ 23-24):

Un négociant expédie des blés à son commissionnaire de Marseille pour les vendre à 200 francs l'hectolitre. Le chargement éprouve une avarie dans la traversée. Si le commissonnaire ne se hâte, les blés avariés seront pourris, perdus. Il les vend de son mieux, mais à un prix moindre que celui fixé dans la procuration. Sa conduite est irréprochable.

En résumé, on devra admettre que le mandataire peut, sans engager sa responsabilité, agir au-delà de son mandat, sinon comme mandataire, du moins comme gérant d'affaires, lorsqu'il y a nécessité évidente à ne pas laisser périr l'affaire. Mais, même dans le cas où l'affaire va périr, le mandataire doit laisser cette éventualité s'accomplir, si le mandat est précis, impératif, et ne permet pas de croire que le commettant ait voulu laisser à son chargé de pouvoirs une certaine latitude pour pourvoir à des événements imprévus.

Nous avons parlé du cas où la force majeure ne porte que sur les moyens indiqués, sans atteindre la chose même qui fait l'objet du mandat.

Il faut distinguer d'abord le cas où l'exécution souffre un délai. Le mandataire doit alors consulter le mandant et rester dans l'inaction jusqu'au retour de ses ordres. Mais, au cas où tout ajournement est impossible, on distinguera : Si le mandat est impératif, limitatif par suite, le mandataire ne peut sortir du cercle dans lequel l'a enfermé la volonté du mandant. Mais si les termes du mandat sont simplement indicatifs, si le mandat est ce que M. Troplong appelle *mandatum dubium,* le mandataire pourra pourvoir aux intérêts du mandant par équipollents, et suivre en dehors de la route indiquée les voies qui lui paraissent conduire plus aisément au but.

Quelquefois, avons-nous dit encore, la force majeure n'entrave la consommation du mandat, que lorsqu'il est en voie d'exécution. Dans cette occurrence, si le mandataire est à même de remonter à la source de ses pouvoirs, j'entends, de prendre les instructions de son mandant, il doit avant tout s'en référer aux intentions de ce dernier, et obtenir son sentiment sur les mesures à adopter. Mais si les circonstances sont pressantes, si les événements menacent de se précipiter et que le temps manque, le mandataire doit agir au mieux des intérêts du mandant et, suivant une expression vulgaire, d'après la tournure que prennent les événements.

C'est principalement pour les missions diplomatiques que cette règle peut présenter une grande importance. Dans les cas assez rares, du reste, où un ambassadeur, surpris par les événements, trahi par le temps, ne peut prendre le mot d'ordre de son gouvernement, la décision à adopter appartient absolument à son initiative personnelle ; il ne relève dans ces circonstances solennelles que de sa conscience, et le gouvernement, qu'il représente, est solidaire de ses résolutions.

En dernier lieu, nous avons mentionné le cas où la force majeure, née après l'exécution du mandat, empêche de délivrer la chose. Cette hypothèse tombe sous l'application des articles 1302 et 1303 C. C., qui renferment les principes généraux en cas de perte de la chose due. Nous insisterons quelque peu sur cette question, en traitant ci-après de la reddition des comptes du mandataire. Disons seulement qu'en l'absence de faute de la part du mandataire, la chose périt pour le mandant.

La force majeure ne se présume pas. C'est donc à celui qui a besoin de l'invoquer, au mandataire, à prouver sa réalité. Le mandataire peut prendre sur lui la responsabilité des cas de ce genre. Il peut même, moyennant une prime, garantir le succès de l'opération confiée à ses soins. C'est la convention *del credere* par laquelle le commissionnaire répond tant de la solvabilité des débiteurs que de toutes les chances du recouvrement. En un mot, il prend à sa charge les risques de l'entreprise. Cette convention, dont l'utilité est manifeste, s'emploie très fréquemment dans le commerce. Le commissionnaire demeurant ducroire (c'est le nom sous lequel il est connu dans l'usage), est un assureur de tous les cas fortuits qui empêchent le recouvrement.

Il a été soutenu que le commissionnaire *del credere* ne prenait à sa charge que les événements ordinaires qui détruisent la solvabilité du débiteur, tels que la faillite, mais non des cas aussi extraordinaires qu'une confiscation, par exemple. Mais puisque le contrat *del credere* est une véritable assurance contre l'insolvabilité des débiteurs, elle doit avoir même cette portée, de même que l'assureur d'un navire subit l'action en délaissement, en cas d'arrêt de prince et pour tout autre cause aussi insolite.

Le commissionnaire demeurant ducroire courant d'aussi grands risques, on comprend qu'il puisse, sans faire l'usure, demander une prime dépassant le taux de l'intérêt commercial; la différence entre cet intérêt et le taux de la prime couvre le commissionnaire de ses risques.

Le mandataire peut encore et doit même ne pas exécuter le mandat qu'il a accepté, lorsqu'il est venu à sa connaissance quelque chose que le mandant ignore, et qui doit vraisemblablement porter celui-ci à révoquer le mandat, lorsqu'il en aura connaissance.

Il est encore dispensé d'exécuter les ordres du mandant, si celui-ci néglige les agissements qui doivent faciliter l'accomplissement du mandat. C'est dans ce sentiment que la Cour de Bordeaux (10 fév. 1840, D. P., 40, 4, 70), a décidé qu'un commissionnaire n'est pas tenu d'avancer le prix des marchandises achetées pour le commettant ; et que, si celui-ci ne lui fait pas parvenir le prix à l'époque de la livraison, il peut revendre les marchandises pour désintéresser le vendeur.

Après avoir examiné les cas divers où le mandataire peut, sans responsabilité aucune, ne pas accomplir le mandat, voyons comment, quand il est tenu de le faire, il doit l'exécuter ? La règle est la même qu'à Rome : *Diligenter fines mandati custodiendi sunt : Qui excedit mandato, aliud facit negotium.*

Précisons, à l'aide de quelques exemples, la portée de cette règle dans notre Droit :

Un mandataire a deux ordres subordonnés l'un à l'autre. Renversant les instructions qu'il a reçues, il exécute en premier lieu l'ordre qui ne devait être exécuté que le second. Cela suffit pour le rendre responsable, s'il résulte de ses agissements un dommage quelconque pour son mandant. Ainsi, je vous charge de me faire rentrer une créance de 10,000 francs et de m'acheter avec cet argent un tableau. Vous achetez le tableau, puis vous vous présentez chez mon débiteur, qui se trouve insolvable. Le mandant, qui comptait sur la rentrée de cette créance pour l'achat du tableau, pourra refuser de le prendre et vous le laisser pour compte.

Une personne chargée de vendre les marchandises, les échange; elle est fautive, partant responsable. Un mandataire a promis d'acheter pour vous dix tonneaux de vin de Bordeaux 1870; il vous en livre de 1869. Il n'a pas exactement accompli son mandat, et vous doit raison de sa faute.

Le mandataire qui va au-delà de son mandat est, malgré sa bonne foi, responsable de ses écarts. Vous m'aviez commandé trente fûts de trois-six, je vous en envoie cinquante, que j'ai acquis à très-bon compte. Vous pourrez m'en renvoyer vingt à mes frais.

Nous retrouvons ici la fameuse controverse qui s'était élevée entre les Sabiniens et les Proculéiens. Chargé d'acheter le fonds Cornélien pour 100, je l'acquiers pour 110. Pourrai-je vous obliger à le prendre au moins pour cent? Non, disaient les Sabiniens, *nam qui excedit mandato, aliud fecit negotium*. Oui, répliquaient les Proculéiens, car en livrant la chose au prix fixé par la procuration, le mandataire a rempli fidèlement son mandat.

Nous-nous prononcerons dans le sens de la doctrine Proculéienne, dans tous les cas où il sera établi que le mandataire a agi de bonne foi et sans esprit de spéculation personnelle. Dans le cas, au contraire, où il aura cherché à travailler pour son compte, il sera, comme le décidaient les Sabiniens, mal fondé à prétendre qu'il a exécuté son mandat, au moins jusqu'à concurrence du chiffre fixé dans la procuration.

Nous pouvons dire de l'exécution partielle, ce que nous avons dit de l'inexécution totale du mandat. Le mandant, peut la rejeter pour le tout. En principe, en effet, l'exécution du mandat est indivisible, et un accomplissement partiel équivaut au non-accomplissement.

Pour que cette règle ne soit pas dans son application la source de grandes iniquités, il faut l'interpréter avec réserve et ne pas la pousser dans ses limites extrêmes. Certes, le négociant, qui, comptant sur la livraison complète d'un stock de marchandises, a pris des engagements qu'il se trouve, par suite de l'inexécution partielle du mandat, dans l'impossibilité de remplir, a bien le droit de récriminer et de prétendre que, pour lui, un envoi incomplet équivaut à une inexécution complète. Dans ces hypothèses, la règle se justifie d'elle-même. Mais il n'en est pas toujours ainsi.

Je vous charge de me cautionner pour 1000. Vous le faites pour 900. Ayant mandat d'assurer une cargaison entière, vous l'assurez aux trois quarts. Ce qui a été fait est insuffisant, et pour le surplus vous serez tenu; mais il vous sera tenu compte de tout ce que vous avez exécuté.

Le texte de l'article 1992 vise spécialement les fautes dont le mandataire a à rendre compte. On sait quelle était sur cette question la doctrine des Romains, de quelles rigueurs ils poursuivaient la faute du mandataire infidèle, ce contempteur de l'amitié et de la foi jurée ?

Nous n'avons pas à revenir sur la théorie des fautes, telle qu'elle était pratiquée à Rome, telle que la concevaient les uns, telle que l'ont comprise les autres. L'article 1992 nous permet d'affirmer sans crainte que la théorie romaine, tripartite selon les uns, bipartite seulement au dire du plus grand nombre, n'a pu se faire jour dans une législation comme la nôtre, ennemie de ces classifications trop tranchées.

Le type de la faute superlative, très-légère, n'existe plus dans nos lois, et la diligence exigée de tout débiteur est celle que le bon père de famille apporte à ses affaires, en d'autres termes, une activité moyenne, des soins raisonnables. La règle de l'article 1137 est d'ailleurs souple, élastique; elle permet au juge d'étendre ou de restreindre, d'après les circonstances, la responsabilité de chacun.

Il est inadmissible que, dans le cas unique de mandat salarié, le législateur ait prétendu, comme le veulent certains auteurs, que le juge devait impitoyablement appliquer au mandataire salarié la responsabilité excessive, dont la faute très-légère était le type.

Le Code, en établissant dans l'article 1992 une apparente distinction entre la responsabilité du mandataire salarié et celle du mandataire gratuit, a simplement voulu dire aux juges qu'ils doivent ne pas négliger cette circonstance importante, que le mandat est salarié, et qu'ils devront se montrer plus sévères dans l'appréciation des actes d'un mandataire salarié, que pour celui dont l'officiosité n'a même pas été sollicitée par l'espoir d'une rémunération.

MM. Delamarre et Lepoitvin ont prétendu établir une distinction entre la responsabilité du mandataire civil et celle du mandataire commercial, qui, d'après eux, doit être plus sévèrement appréciée. En droit, cette théorie est insoutenable. En fait, il est vrai de dire, que souvent, à cause de la qualité de commissionnaire versé dans la science des transactions commerciales, le mandataire doit, aux yeux du juge, justifier d'une habileté, d'une expérience plus grande, qu'un autre mandataire inhabile aux choses du négoce et dont la diligence est la principale vertu. Mais de là à établir une distinction formelle entre le mandataire civil et le mandataire commercial, il y a loin ; à tel point, que ce que nous venons de dire du commissionnaire, nous le disons de mandataires civils, tels que les notaires, les avoués. Nul ne trouvera à redire qu'un juge, sans tomber dans un excès de sévérité, déclare responsable ces officiers ministériels, gens dont on présume la science et l'expérience, alors que, dans le même cas, il disculperait un simple mandataire actif, mais inexpérimenté.

Nous n'entreprendrons pas d'énumérer toutes les fautes dont un mandataire peut avoir à répondre devant son mandant. Il nous suffira de nous référer aux observations que nous avons déjà fournies précédemment, et de compléter par quelques nouveaux exemples, par quelques notions supplémentaires, le commentaire des articles 1991 et 1992.

Tout mandataire, et spécialement le commissionnaire, doit se faire de la discrétion un devoir impérieux. Le commettant a souvent un intérêt capital à garder le secret sur l'opération dont il vous a chargé. Une parole imprudente peut tout perdre. Il est naturel que, dans des éventualités de ce genre, le mandataire porte la peine de ses indiscrétions.

Il est encore du devoir d'un mandataire de tenir son mandant au courant de toutes les phases de l'affaire qu'il gère pour lui, de lui révéler tous les progrès ou les obstacles qui signalent la marche de l'opération, tout ce qui, en un mot, peut influencer sa volonté et le déterminer à confirmer, réformer et modifier ses ordres. Et ce devoir de ne rien cacher au mandant, dans le cours de la gestion, ne cesse pas au jour où l'affaire est conclue; il faut que le mandant soit avisé le plus promptement possible de la réalisation de son projet.

Admettez, en effet, qu'en présence du silence de son commissionnaire, un négociant, persuadé que ce dernier n'a pu donner suite aux ordres qu'il a reçus, ait lui-même traité l'affaire. Si, après la conclusion de ce marché, le mandataire lui fait part de l'achat qu'il a réalisé de son côté, cet avis tardif n'efface pas sa négligence, sa faute; le premier marché restera à son compte.

Dans ce même ordre d'idées, nous déciderons qu'un mandataire est responsable de tout le préjudice causé au cas où, chargé de traiter une affaire urgente, d'envoyer au plus tôt des marchandises, il perd du temps, conclut lentement et expédie trop tard les marchandises commandées.

Le mandataire ne pourrait même se prévaloir utilement de sa bonne foi, prétendre et prouver qu'il a attendu une occasion favorable, une baisse, pour expédier à meilleur compte les marchandises demandées. Il est fâcheux que d'aussi bon-

nes intentions soient si mal servies, mais il serait bien plus
regrettable encore, qu'en se retranchant derrière cette violation loyale, mais imprudente du mandat, le mandataire pût
porter atteinte aux intérêts dont il est dépositaire.

Une question est de savoir si un mandataire, chargé de
plusieurs ordres et qui dépasse en un point le prix fixé, tandis
que sur d'autres il obtient des prix plus avantageux, pourra
établir une compensation à sa décharge?

Cette question, qui se relie directement à celle de la reddition des comptes du mandataire, dont nous allons nous occuper avant peu, a été résolue contre le mandataire devant la
Cour de Bruxelles (20 juin 1810, Dalloz, Commiss.)
M. Troplong critique l'économie de cet arrêt qui a le tort, au
dire de cet auteur, de raisonner *a pari,* d'après l'article 1852,
en matière de société. Cette critique paraît fondée, car le rôle
désintéressé du mandataire est tout autre que celui de l'associé directement intéressé dans les affaires dont il s'occupe.

Néanmoins, je crois qu'en principe on ne doit pas admettre
cette compensation, qui permettrait trop souvent de violer les
prescriptions du mandat. Il est des cas, sans doute, où cette
compensation sera équitable. Tel est celui où les divers
ordres sont connexes et doivent s'exécuter en bloc. Par exemple, un mandataire, chargé d'acheter 20 hectolitres de blés
à 200 francs, en achète dix à 180 et dix à 220 francs, et
ne dépasse pas de la sorte le chiffre total de l'ordre qu'il a
eu à exécuter. Dans ce cas et dans les hypothèses analogues,
il est vrai de dire, avec M. Troplong (*mandat,* n° 203), qu'on
fera mieux de ne voir que le résultat de l'opération et de
sanctionner la compensation.

Nous devons examiner ici l'importante question de savoir
si la règle de l'article 1882 s'applique au mandat, si le mandataire doit, quand les intérêts du mandant sont en opposition
avec les siens, sacrifier sa chose pour sauver celle d'autrui?

Pour plus de précision, un incendie éclate. Vous ne pouvez sauver que la chose du mandant ou la vôtre. Laquelle devez-vous sauver de préférence? Le commodataire doit, d'après l'article 1882, sauver celle du commodant; il est juste que, recevant un service, il doive une protection toute particulière à la chose de celui qui l'oblige.

M. Troplong, pour le mandat gratuit, applique la règle qui convient au dépôt, d'après l'article 1027. Mais, pour le mandat salarié, il applique l'article 1882. Nous croyons cette opinion un peu forcée. Nous admettrons bien, avec l'éminent jurisconsulte, que le juge devra tenir compte du caractère salarié ou gratuit du mandat, et apprécier plus sévèrement la responsabilité du mandataire qui reçoit de l'argent. Mais M. Troplong a tort de rapprocher du cas du commodataire qui reçoit un service, le cas du mandataire qui, même salarié, rend un service et n'en reçoit pas; le salaire qu'on lui paie n'est, nous l'avons vu, qu'une légitime indemnité de ses peines, et n'empêche pas que le mandant ne reste l'obligé du mandataire.

Si sévère que soit l'appréciation d'un juge que trouvera-t-il à reprocher au mandataire, qui a tout mis en œuvre pour arracher aux flammes ce qu'il a pu, courant aux choses les plus précieuses, sans se soucier de savoir si elles sont à lui ou à d'autres, sauvant, en un mot, tout ce que le meilleur père de famille devait se préoccuper de sauver? Quelle faute pourra-t-il invoquer pour le rendre responsable ?

Nous croyons donc que si les deux choses étaient de valeur égale, et que le mandataire ait laissé périr celle du mandant, celui-ci obtiendra à titre de réparation une indemnité égale à la moitié de la valeur de sa chose. Si sa chose était d'une valeur moindre, le mandataire a bien fait de sauver d'abord les choses de plus de valeur; il ne doit, dans ce cas, rien au mandant, pas plus que ce dernier, en principe, ne devra d'indemnité au mandataire qui aura sauvé la chose du mandant parce qu'elle était la plus précieuse, sacrifiant, comme c'était son devoir, les choses de moins de prix qui, pourtant, étaient siennes. Cette conduite loyale peut lui valoir la reconnaissance de son mandant, mais il ne saurait prétendre à une indemnité pécuniaire ; car, ce qu'il a fait, il devait le faire, à peine d'encourir une grave responsabilité.

Si nous suivions dans le cours de nos explications l'ordre du Code, nous traiterions actuellement de l'obligation de rendre compte que l'article 1093 impose au mandataire. Il nous paraît plus logique de commenter d'abord les articles 1004 et 1005, qui traitent encore de la responsabilité du mandataire, et se rattachent plus directement aux explications que nous venons de fournir qu'à celles dont l'article 1093 sera l'objet. L'article 1004 répond à cette question : Le mandataire peut-il se substituer un tiers dans sa gestion ?

Une raison bien simple et tirée de la nature même du contrat nous sollicite à répondre négativement. En effet, le mandant, en vous nommant son fondé de pouvoirs, vous a vraisemblablement choisi, parce qu'il avait foi en votre industrie, votre zèle, votre crédit, votre loyauté ; il a contracté *intuitu personæ*. Comment, dans de pareilles conditions, l'élu du mandant pourrait-il se décharger sur une personne inconnue ou suspecte d'un office confié à sa personne ?

Cette doctrine est conforme à la nature de notre contrat, et en harmonie avec le texte de l'article 1005.

Mais cette règle a besoin d'être entendue avec ménagement. Ainsi quand Pothier pose en principe qu'un mandant, par cela seul que le mandataire a eu le tort de se constituer un tiers sans droit, peut, quelle que soit l'issue de la gestion, laisser l'affaire pour le compte du gérant, il va certainement trop loin. Qu'importe, en effet, que ce soit tel ou tel qui ait accompli la tâche, pourvu qu'elle soit exactement remplie ? Le système de Pothier n'a pas, du reste, trouvé place dans notre Code. Après un échange d'observations entre Cambacérès, partisan de l'idée de Pothier, et MM. Treilhard et Berlier, opposés à cette doctrine, le sentiment de ces derniers fut consacré par l'article 1994.

Que décider au cas où le mandataire a fait une substitution malgré la volonté formelle du mandant? Elle est nulle, disent les uns (Dalloz, n° 281, Duranton, n° 252), et de nul effet, même à l'égard des tiers qui·auraient traité avec le substitué. M. Troplong enseigne avec plus de raison, ce semble, que, même dans ce cas, le mandant ne peut pas, si l'affaire s'est terminée au gré de ses désirs, répudier capricieusement la gestion accomplie.

Il est vrai que, dans l'espèce, la responsabilité du mandataire est plus étroite et sera plus durement appréciée. Mais s'il n'y a aucun dommage, où donc est la faute à châtier?

Pour apprécier les cas dans lesquels le mandataire est responsable de la personne qu'il s'est substituée, il faut distinguer, avec l'article 1994, suivant que la procuration est muette sur la question de substitution ou autorise cette mutation de personnes.

Dans le cas où la procuration ne reconnaît pas formellement cette faculté au mandataire, celui-ci répond de son substitué. Si ce substitué peut fournir un excuse pour une faute commise, et justifier ses erreurs sans en effacer les conséquences, il n'en est tenu vis-à-vis de personne, mais le substituant en répond aux yeux de son propre mandant. M. Troplong en conclut que, si la force majeure fait périr la chose entre les mains du substitué, le substituant en sera responsable, parce qu'il est en faute d'avoir mis la chose du mandant entre les mains d'un tiers. Mais le mandataire sera déchargé, s'il prouve que la chose eût également péri, si elle était restée entre ses mains.

Si on confère au mandataire le pouvoir de se substituer un

tiers sans désignation de la personne, le mandataire n'est
tenu que de faire un bon choix. Il n'a plus à se préoccuper
ici de la conduite que tiendra son élu. Quelle que soit l'issue
de l'affaire, si le choix n'était pas blâmable, la cause du
substituant est bonne, il ne répond de rien.

C'est en quoi l'hypothèse que nous examinons diffère profondément du cas que nous venons de traiter, où le mandataire a choisi sans droit un substitué. Là, il était responsable
de toutes les erreurs de ce délégué ; toute faute commise par
son *alter ego* lui était personnelle. Ici, le substitué convenablement choisi n'est pas le mandataire du substituant, mais,
à vrai dire, celui du mandant principal.

L'article 1094 énonce les qualités que doit présenter le
substitué pour que le choix du mandataire soit bon. Il faut
qu'il ne soit pas notoirement insolvable ou incapable.

M. Troplong fait à ce propos une observation qui est com-
munément approuvée. Quand le mandat est gratuit, il suffit
que le substitué ne passe pas pour un homme incapable ou
insolvable ; mais quand le mandat est salarié, le choix du
mandataire est plus sévèrement apprécié ; on exige plus de
qualités dans la personne de son élu, un crédit commercial,
une loyauté indiscutable, une réelle expérience des affaires.

Ne perdons pas de vue que, même dans ce cas, une fois le
choix du mandataire approuvé, celui-ci n'a plus à répondre
d'aucun des événements qui signalent la gestion de ce remplaçant. Si plus tard, dit Casaregis, le délégué s'est cor-
rompu, s'il a changé d'habitude, s'il a trompé de légitimes
espérances, c'est une force majeure, un cas imprévu, qui a
surpris les plus prudents ; le substituant est irréprochable.

Il importe de signaler à cette règle une exception remarquable : j'entends parler du commissionnaire de transports.
Il répond des voituriers et des agents qu'il emploie, jusqu'à
l'arrivée à destination de l'objet transporté (art. 99 C. Com.)

Et cependant, son mandat contient forcément, sinon en termes exprès, du moins virtuellement, le pouvoir de se substituer ces agents, puisqu'il ne peut effectuer par lui-même le voiturage des objets. Cette dérogation à la règle de l'article 1994 est due aux exigences des intérêts commerciaux.

Observons encore que l'obligation du mandataire, autorisé à se substituer un agent, ne se borne pas toujours au choix à faire avec prudence. Si, par exemple, je vous charge de recouvrer une créance, dans une ville où vous avez un représentant, vous avez pleins pouvoirs pour vous substituer votre agent et le charger du recouvrement; mais vous avez, en outre, à surveiller ses actes pendant qu'il s'occupe du recouvrement, et une fois les valeurs entre ses mains, vous avez des diligences à faire pour m'en assurer la rentrée.

L'autorisation de substituer est expresse ou tacite : expresse, elle peut être donnée dans l'acte même de procuration ou par un acte postérieur ; tacite, elle existe dans tout mandat renfermant des ordres, que le mandataire ne peut remplir lui-même, ou qui comportent nécessairement l'adjonction d'auxiliaires.

Un arrêt de la Cour de Nancy (31 août 1832) décide très justement qu'un mandat de gérer un domaine éloigné du domicile du mandataire comprend implicitement le pouvoir de se substituer un remplaçant, pourvu qu'il offre des garanties raisonnables de capacité ou de solvabilité.

Nous ne pouvons passer sous silence une question des plus graves en pratique, et dont la solution n'est pas tellement évidente qu'elle ne mérite une sérieuse attention.

Il s'agit de savoir si un tiers, atteint d'un empêchement imprévu, qui ne lui permet pas d'exécuter le mandat personnellement, peut être considéré comme virtuellement autorisé à se substituer un tiers ?

La question se résout généralement par une distinction

qui nous semble très-plausible. Si on peut sans dommage retarder l'exécution du mandat, le devoir du mandataire, avant de rien tenter, est de prévenir son mandant de la survenance de l'obstacle. Si on ne peut, sans de graves inconvénients, différer l'affaire, lorsque les délais nécessaires pour donner avis au mandant peuvent tout compromettre, il n'est pas douteux que cette urgence irrémédiable ne donne au mandataire le pouvoir de choisir un représentant, qui conjure les périls de la situation. Peu importe même que cet homme, qui semblait suffisant, solvable, honnête, ait, contre toute attente, failli à ses devoirs! le choix paraissait bon à tous égards; celui qui l'a fait est irresponsable.

Le § 2 de l'article 1994 nous dit que, dans tous les cas, le mandant peut agir directement contre le substitué.

Si le législateur ne s'en était formellement expliqué, le mandant, qui se trouve étranger à la convention intervenue entre son mandataire et un tiers, n'aurait eu pour atteindre ce tiers qu'une action indirecte, en vertu de l'article 1166.

L'article 1994 lui permet d'agir directement, en son nom. Comme conséquence pratique, de ce que l'action n'appartient pas au mandataire, mais au mandant, le produit ne devra pas en être distribué au marc le franc entre les créanciers du mandataire, y compris le mandant, mais ce dernier en aura la totalité.

L'article dit que le mandant peut agir, dans tous les cas. Il faut l'entendre en ce sens, que toutes les fois que le mandataire aurait lui-même une action contre son délégué, le mandant aura le droit de recourir contre celui-ci, comme le mandataire lui-même. Mais si la gestion du substitué a été irréprochable, ou s'il n'est pas responsable des erreurs qu'il a pu commettre, le mandant, pas plus que son mandataire lui-même, n'aura rien à prétendre contre lui.

L'article 1995, qui n'est qu'une application spéciale à notre

11

matière du principe général de l'article 1202, se prononce
contre la solidarité entre les co-mandataires.

Le Droit Romain avait admis au contraire cette solidarité.
La loi 60, § 2, *mand.*, ne laisse aucun doute à cet égard.

Les rédacteurs du Code ont cru, à bon droit, qu'il serait
inique d'aggraver, par ce surcroît de responsabilité, la situation d'un mandataire, d'un homme, qui remplit un devoir de
bienfaisance et d'amitié.

Lorsque le mandat est conféré à plusieurs, chaque mandataire peut agir séparément. Un arrêt de la Cour de Bordeaux,
2 août 1833, a décidé en ce sens, que deux mandataires cons-
titués dans le même acte, sans obligation d'agir conjointement, avaient pris valablement, chacun de leur côté, les
mesures qu'il leur avait semblé le plus convenable d'adopter.
Mais si la procuration réglait autrement l'exercice de leurs
pouvoirs, ils devraient s'y conformer en tous points. Ainsi,
plusieurs mandataires choisis par le même acte ont-ils des
fonctions divisées? chacun doit se renfermer dans sa sphère
d'action, et il n'est responsable que de sa gestion. A vrai dire,
malgré l'unité d'acte, il y a pluralité de mandats.

De ce que l'action du mandant contre les divers mandataires, est divisée de plein droit, il n'en faudrait pas conclure
que les co-mandataires ne puissent jamais être tenus pour le
tout. Il en est ainsi, quand l'objet du mandat est indivisible ;
de même, si l'un des co-mandataires a, par son fait personnel, causé un dommage, nul doute qu'il ne puisse être poursuivi pour le tout, car on est toujours tenu *in solidum* de son
fait personnel.

Lorsque la solidarité a été convenue entre les parties, il a
été jugé, avec raison, que l'un des coobligés solidaires n'est
pas responsable des actes accomplis par son co-mandataire
au-delà des termes du mandat. Il s'agissait de deux mandataires chargés solidairement de vendre des immeubles, avec

pouvoir de toucher seulement une partie du prix. L'un d'eux
ayant indûment touché l'intégralité de ce prix, la Cour de
Cassation, 6 avril 1841, confirma l'arrêt de la Cour de Paris
du 29 avril 1837 (Dalloz, *mandat*, n° 300, note 1) qui limi-
tait la responsabilité de l'autre mandataire à la quotité du
prix, qu'ils étaient solidairement autorisés à toucher.

§ II. — De la reddition des comptes.

Avant de rechercher ce que doit comprendre le compte, que
le mandataire est tenu de fournir, nous croyons utile de mettre en lumière les points suivants : Qui doit le compte? A
qui est-il dû? En quelle forme doit-on le rendre? A quel
moment commence et finit l'obligation de rendre compte?

A cette première question, qui doit le compte? l'article 1993
répond sans obscurité. Tout mandataire, dit le texte, qui ne
distingue ni entre le mandat salarié ou gratuit, ni entre les
mandataires parents, amis ou étrangers. Et, à ce sujet, on
s'est demandé si cette obligation était essentielle au contrat
de mandat, et si le mandant ne pouvait dispenser le mandataire de l'obligation de rendre compte.

M. Troplong, dans son traité du mandat, explique d'une
manière très-satisfaisante un arrêt de rejet de la Cour de Cassation, du 24 août 1831, prononcé dans un sens favorable au
maintien du pacte de dispense de comptes. Dans l'espèce, le
mandat avait perdu ses caractères propres et naturels, et se
trouvait converti en une libéralité faite par le mandant au
mandataire, libéralité dont le mandataire a pu profiter en ne
rendant pas de comptes. Mais il faut tenir pour certain, que si
les caractères du vrai mandat se rencontraient dans la cause
et que rien n'impliquât l'idée d'une libéralité, la nullité de la
clause en question devrait être prononcée.

Dans le cas de *procuratio in rem suam,* notre règle ne

semble pas devoir s'appliquer. Elle est vraie, toutefois, au cas où, avant de constituer cette procuration, le mandant n'avait reçu en retour aucune compensation pécuniaire, aucun engagement de la part du mandataire. C'est encore dans ce cas une libéralité. Dans l'hypothèse où, avant de recevoir son mandat, le *procurator in rem suam* a fourni ou promis l'équivalent du profit qu'il pourra toucher par le mandat, le mandat n'est, à vrai dire, que l'exécution d'une convention à titre onéreux. Il est certainement valable et la jurisprudence l'a sanctionné. (Dalloz, *mandat,* n° 238, notes 1 et 2).

Le mandataire ne doit compte qu'à son mandant ou à ceux qui le représentent.

Lorsque le mandant a donné le mandat dans une qualité qu'il a perdue depuis (par exemple, un tuteur dont le pupille est devenu majeur), le compte n'en doit pas moins être rendu à celui qui a donné le mandat ; car, du moment où ce mandant doit lui-même un compte de son administration, le compte particulier de son mandataire sera un des éléments de son compte général.

Quant à la forme dans laquelle le compte doit être rendu, on peut dire que la loi n'exige aucune formalité particulière ; que, par conséquent, les juges peuvent décider souverainement si le compte a été régulièrement rendu et s'il libère le mandataire. En vertu de son pouvoir discrétionnaire, le juge a pu dans maint cas prendre en sérieuse considération, pour apprécier la régularité d'un compte, les rapports de parenté et d'affection existant entre le mandataire et le mandant. (Arrêts, Dall., n° 245, *mand.*)

Il est des circonstances où le mandat doit être exécuté immédiatement, sans laisser après lui aucune trace d'écriture ni aucune pièce justificative. On ne peut songer à contraindre le mandataire à la production de pièces qu'il n'a pu se procurer, et il sera présumé libéré de son obligation de rendre compte, par cela seul qu'il n'aura pas été actionné en reddition de comptes dans un bref délai. (En ce sens, arrêts, Dalloz, *mand.*, n° 248, notes 1 et 2.)

En pratique, un mandataire fournit souvent, comme pièce justificative, un inventaire en deux chapitres, l'un pour les dépenses, l'autre pour les recettes. Parfois, c'est dans un compte courant que le mandataire porte les sommes reçues par le mandant. Au nombre des pièces probantes que le mandataire, qui rend ses comptes, produit à sa décharge, on doit mentionner les lettres, factures, récépissés, livres de commerce régulièrement tenus, en un mot, tout ce qui peut solliciter en sa faveur la conscience du juge.

En règle générale, c'est à l'expiration de son mandat, après l'accomplissement de sa tâche, que le mandataire doit rendre ses comptes. Il est de son intérêt de les soumettre le plus promptement possible à l'approbation de son mandant, car l'article 1996, sur lequel nous reviendrons bientôt, le condamne à payer les intérêts de toutes sommes, dont il est reliquataire, à compter de la mise en demeure.

Sauf les cas exceptionnels que nous avons ci-dessus mentionnés, et où le mandataire est censé avoir rendu un compte immédiat ou à très-bref délai, d'après la règle de l'article 2262, l'obligation de rendre compte dure trente ans.

L'article 475 C. C. fait échec à notre règle. L'obligation de rendre compte ne dure, au profit du mineur contre son tuteur, que pendant dix ans à compter de sa majorité. Il est utile d'observer que si le mandant a confié à son mandataire certains biens qui sont encore après trente ans entre les mains de ce mandataire, la prescription ne s'étend pas à ces biens détenus à titre précaire. Le vice de précarité rend la possession inefficace, au point de vue de la prescription.

Il peut être convenu que le mandataire rendra compte, au

fur et à mesure de leur réalisation, de chacune des opérations dont il a été chargé.

Il nous reste à voir actuellement ce que doit comprendre le compte du mandataire à son mandant.

La règle de la matière formulée dans l'article 1993 n'est, à vrai dire, que la reproduction de la règle romaine : « *Mandati, apud cum qui mandatum suscepit, nihil remanere oportet.* » Notre texte dit : « Le mandataire doit faire raison de tout ce qu'il a reçu en vertu de sa procuration, quand même ce qu'il aurait reçu n'eut point été dû au mandant. »

En vertu de cette règle, il a été jugé et très-bien jugé qu'un commissionnaire, qui fait payer à son commettant les marchandises plus cher qu'il ne les a achetées lui-même, en lui laissant ignorer les conditions de son marché, se rend coupable d'une fraude, et doit compte au mandat de ces gains secrets ; qu'on opposerait vainement un usage reçu dans le commerce. (Lyon, 23 août 1831, Dalloz, 33, 2, 69.)

L'action directe de mandat permet-elle d'obliger le mandataire à mettre en ligne de compte, les profits illicites qu'il a obtenus dans l'exécution de son mandat ?

Si le mandataire, en poursuivant et réalisant des profits déshonnêtes, n'a fait que suivre les prescriptions de son mandant, si, par exemple, chargé de faire la contrebande, l'usure, il s'acquitte à merveille de cette commission malhonnête, puis en accapare les bénéfices, le mandataire peut-il le poursuivre en remboursement de ces profits ? Non, sans aucun doute. Ce malhonnête homme abusé ne saurait trouver crédit devant la justice. La justice ne doit intervenir, qu'au cas où mandant et mandataire tombent sous le coup de la loi, et peuvent être l'un et l'autre correctionnellement poursuivis. Sinon *in pari causa, melior est causa possidentis.*

Mais que résoudre, si c'est de son chef, et sans prendre conseil de son mandant, que le mandataire se sert des choses de ce dernier pour réaliser des bénéfices immoraux, fait l'usure, prête l'argent, qu'on lui a confié, à la petite semaine? Faut-il laisser ce gain honteux au mandataire, ou le mandant peut-il en réclamer le montant? Nous nous arrêtons sans hésiter à cette seconde solution, qui est plus morale, et, sans être exempte d'inconvénients, satisfait mieux la conscience. La première considération qui nous détermine, c'est.que le coupable perdra le fruit de ses spéculations éhontées et sera déçu dans ses détestables espérances. Puis, il ne répugne nullement de faire bénéficier de cet argent mal acquis un honnête homme qui, à raison même de son honnêteté, aura vraisemblablement souci de dédommager, par une restitution, les victimes des agissements de son mandataire. Et dût-il le garder, il serait moins immoral de le mettre entre ses mains cupides, mais qui n'ont pas trempé dans les indignes manœuvres du mandataire, que de le laisser à l'auteur du délit.

Le mandataire doit restituer au mandant les titres et pièces que celui-ci lui a confiés pour sa gestion, ou qui sont parvenus en son pouvoir à l'occasion du mandat. (Art. 2004).

Cette règle s'applique-t-elle aux lettres-missives reçues par le mandataire à l'occasion du mandat? Il a été jugé, avec la sanction de la Cour de Cassation (*Rejn.*, 10 février 1845), que ces lettres étaient la propriété du mandataire. D'après un autre arrêt, au contraire, ces lettres seraient en principe la propriété du mandant. (Bordeaux, 12 mars 1842, Dalloz, *mand.*, n° 180, note 1.)

Je crois que le principe que la Cour suprême a consacré est préférable, et que les lettres-missives doivent, si ce n'est dans des cas exceptionnels, rester la propriété du destinataire. Il appartiendra aux juges de décider si les circonstances exigent une dérogation à la règle, en faveur du mandant.

Lorsque le mandataire a reçu, en vertu de sa procuration, une chose qui n'appartient pas au mandant, il doit en rendre compte à celui-ci, sans se préoccuper de rechercher le véritable propriétaire pour la lui restituer. Il ne lui appartient pas à lui, simple intermédiaire, de résoudre cette question de propriété qui ne le regarde pas. Toutefois, si le mandataire découvre que la chose remise entre ses mains est le fruit d'un vol, et qu'il aide au recel de cet objet volé, il peut et doit, au lieu de rendre cette chose à son mandant, la retenir entre ses mains et dénoncer à la justice les manœuvres coupables, qu'il a failli favoriser d'une manière inconsciente.

Le mandataire doit compte non-seulement de ce qu'il a touché dûment ou indûment, à l'occasion de son mandat, mais il est responsable encore de ce qu'il aurait dû percevoir et qu'il a négligé de toucher.

Mais pour que cette responsabilité incombe au mandataire, il est essentiel que son inaction soit fautive. Il est universellement reconnu que, si les sommes, que le mandataire n'a pas touchées, n'ont pas été perdues par sa faute, si, par exemple, il s'est abstenu de poursuivre un débiteur insolvable, au lieu de blâmer sa conduite, il faudrait louer sa prudence. Sa responsabilité est nulle, là où la faute n'existe pas.

Le mandataire ne doit pas faire compte des choses qu'il a reçues, mais qui ont péri sans sa faute, par force majeure. S'il a reçu pour ces pertes une indemnité quelconque, il doit en faire profiter son mandant.

Quid en cas de perte, par force majeure, des espèces, dont le mandataire est détenteur à la suite de son mandat? La perte est-elle pour lui? est-elle pour le mandant?

Cette question doit être résolue par une distinction : dans le cas où le mandataire a confondu les espèces reçues avec d'autres de même valeur, la confusion, qui s'est opérée entre elles et celles qui étaient dans sa caisse, a, si j'ose risquer l'expression, désindividualisé les espèces. Ne pouvant plus les rendre *in individuo*, il doit des choses de genre ; *genera non pereunt*, donc, la perte doit être supportée par lui.

Mais il en est autrement, quand la somme reçue est renfermée dans des sacs pour être identiquement restituée ; l'individualité, la spécialité de la somme fait que la propriété de ces valeurs, de ce corps certain, reste au mandant, et que le sinistre est à sa charge, en vertu de la règle *res perit domino*. Cette solution devra être étendue au cas où l'argent, mis dans une caisse déjà riche, mais qui est restée constamment fermée depuis le dépôt de la somme, a été volé avec tout le contenu de la caisse. Et encore au cas où le mandataire prouverait que l'argent lui a été volé de vive force, peu après la réception et avant qu'il ait pu en faire usage.

Les juges peuvent, en d'autres termes, admettre comme valables telles excuses que le mandataire alléguera, s'ils ont la conviction que la force majeure a indubitablement atteint et anéanti la chose, qui devait être remise au mandant.

On s'est demandé si le mandataire, astreint à rendre compte, peut compenser et retenir, sur les sommes dont il se trouve détenteur, le montant constaté des avances et déboursés auxquels l'exécution du mandat a donné lieu ?

Il nous paraît incontestable que le mandataire peut, en se conformant aux règles de la matière (art. 1289 et suiv. C. C.), compenser ce qu'il doit à son mandant en vertu de son mandat, et ce que celui-ci lui doit pour la même cause. La jurisprudence l'a constamment admis. (Arrêts, Dalloz, *mand.*, n° 241, note 2 ; n° 300, note 2, *cod* ; n° 259, note 2, *cod.*)

Quant à reconnaître au mandataire un droit de rétention, jusqu'à complet paiement de ses déboursés, c'est ce à quoi nous ne pouvons nous résoudre.

Le droit de rétention est exceptionnel, et il faut un texte exprès pour en justifier l'admission. C'est ce que la Cour de Bordeaux (14 janvier 1830, Dall., *mand.*, n° 201, note 1), a parfaitement jugé, « parce que, dit l'arrêt, on ne trouve au titre du mandat, ni ailleurs dans nos Codes, rien qui établisse ce privilège exorbitant du droit commun. »

La disposition de l'article 1996 découle logiquement de l'obligation dont est tenu le mandataire, de lui faire compte de tout ce qu'il a retiré ou dû retirer du mandat.

Notre article vise une double hypothèse : celle où le mandataire a employé à son usage des sommes appartenant au mandant ; celle où il est simplement resté reliquataire de certaines sommes, qu'il aurait dû rembourser à celui-ci.

S'il a reçu de son mandant l'autorisation de faire des sommes qu'il détient, tel usage qui lui convient, même de les appliquer à son profit, il est, au cas où il profite de cette faculté, dans la situation d'un emprunteur ordinaire soumis à l'action de prêt, et ne devant des intérêts que s'ils ont été expressément stipulés. (Art. 1907.) Devenu propriétaire des sommes sur lesquelles porte le prêt, si ces sommes se perdent par cas fortuit ou force majeure, c'est lui, mandataire emprunteur, qui en supporte la perte. (Art. 1893 C. C.)

Quand le mandataire a, d'après l'article 1996, des intérêts à payer au mandant, c'est au taux légal de 5 ou 6 0/0 qu'il doit les régler. S'il a, en faisant l'usure, fait de gros profits, un arrêt de la Cour de Metz (Dall., *mand.*, nᵒ 279, note 2), déclare que le mandant est mal fondé à revendiquer ses intérêts usuraires. Cet arrêt trouve sa justification dans cette circonstance que le mandataire n'est plus à proprement parler un mandataire, mais un emprunteur pur et simple. Propriétaire de l'argent, il peut le faire fructifier à ses risques et périls ; il n'a pas à rendre compte au mandant de la gestion d'une somme, qu'il est le maître d'exposer dans n'importe quelle aventure. Mais, s'il a agi ou dû agir en qualité de mandataire, et qu'il ait réalisé des avantages illicites, il devra, ainsi que nous l'avons vu, tenir compte à son mandant de ces profits déshonnêtes.

La réparation due par le mandataire qui a appliqué à son usage personnel l'argent du mandant, ne se borne pas toujours aux intérêts; il a souvent de plus forts dommages à payer. Si, par exemple, je vous donne de l'argent pour réparer ma maison, et qu'au lieu de remplir cette tâche, vous spéculiez sur ces fonds à votre profit, laissant la maison tomber faute de réparations nécessaires, vous me devez compte des intérêts de la somme détournée à votre avantage, et de tout le dommage qui est résulté de votre faute, dans l'espèce, de l'écroulement de ma maison.

Si le mandataire, chargé de recouvrer des créances, était lui-même au nombre des débiteurs, et que sa dette tombât à échéance, devrait-il tenir compte des intérêts du jour où il a dû *a semetipso exigere?* Non. Nous sommes en dehors des hypothèses de l'article 1996; le mandataire n'a pas employé la somme due à son usage, il n'a pas été poursuivi comme reliquataire d'une somme due.

Si le mandataire est chargé non-seulement de toucher les sommes dues, mais encore de faire valoir par des placements utiles les sommes ainsi recouvrées, on comprend qu'il soit responsable de la stérilisation des capitaux qu'il devait rendre productifs. Mais, si son mandat se borne au recouvrement des créances du mandant, il n'a qu'à tenir ces sommes à la disposition de ce dernier.

Le mandant prétend-il que le mandataire, au lieu de garder les fonds dans sa caisse, les a détournés à son profit, il doit faire la preuve de cet acte frauduleux, de cet abus de confiance prévu et puni par l'article 408 du Code Pénal. (Cour de Bordeaux, 20 janv. 1831, Dall., *mand.*, n° 277.)

Si le mandataire ne s'est pas rendu coupable de ce délit correctionnel, s'il a gardé l'argent dans ses caisses à la disposition de son mandant, l'article 1996 § 2, dit qu'il ne devra d'intérêts, que du jour de la mise en demeure. Tel était aussi le sentiment des jurisconsultes romains (L. x, § 3, *mand.*). Disons, en deux mots, ce qu'est la mise en demeure, la *mora* des Romains. L'article 1139 répond pour nous : « Le débiteur est constitué en demeure, soit par une sommation ou par un autre acte équivalent, soit par l'effet de la convention lorsqu'elle porte que, sans qu'il soit besoin d'acte et par la seule échéance du terme, le débiteur sera mis en demeure. » Par une large interprétation de cette règle, il a été décidé que, surtout s'il s'agit d'un mandat commercial, la mise en demeure du mandataire, à l'effet de faire courir les intérêts moratoires, peut résulter de la correspondance des parties. (*Mand.*, n° 330, Dall., *Requ.*, 15 mars 1821.)

Mais il n'y a mise en demeure qu'autant que la sommation ou l'acte équivalent a pour objet le paiement du reliquat dû par le mandataire. Il a été sainement jugé (Dall., P. 40, 2, 90), que la mise en demeure, point de départ des intérêts, ne résulte pas d'une demande en reddition de compte.

Nous en avons fini avec les obligations du mandataire, du moins dans ses rapports avec le mandant.

Pour épuiser cette matière, nous traiterons, dans la section suivante, des obligations du mandant, nous réservant de déterminer ensuite, dans une section spéciale, les rapports que le mandat peut créer entre les tiers d'une part, et le mandataire et le mandant, d'autre part.

DES OBLIGATIONS DU MANDANT

Les articles 1999 à 2002 nous font connaître les diverses obligations du mandant, vis-à-vis de son mandataire. Elles sont au nombre de quatre : 1° payer les honoraires (art. 1999) ; 2° rembourser les frais et avances que celui-ci a faits pour l'exécution du mandat (*ibid*); 3° tenir.compte de l'intérêt des avances faites par le mandataire (art. 2001); 4° l'indemniser des pertes essuyées à l'occasion de sa gestion (art. 2000).

Enfin, dans un dernier paragraphe, nous aurons à parler du lien de solidarité, que l'article 2002 impose à ceux qui ont constitué un même mandataire pour une affaire commune.

Reprenons une à une ces diverses obligations :

I. — Le mandataire doit payer les honoraires, dit le texte, lorsqu'il en a été promis. Cette restriction de l'article 1999 tend à nous rappeler le principe que le mandat est naturellement gratuit. Rappelons que certaines professions donnent naturellement, sans stipulation aucune, droit à un salaire dont la quotité est fixée par la loi elle-même ou par l'usage des lieux. Il en est ainsi pour les notaires, avoués, huissiers, etc. Nous avons également vu qu'en matière commerciale, la règle était changée, que le salaire y était de droit, et que la gratuité était l'exception.

Pour revenir au cas le plus général, à la règle enfin dont l'article 1999 est une réminiscence, voyons ce qui crée au mandataire un droit aux honoraires, par contre au mandant l'obligation de les payer. Le droit au salaire ne dépend pas, nous l'avons vu, du succès de l'entreprise. Rappelons cependant que le mandataire, demeurant ducroire, n'a droit à son salaire qu'en cas de réussite, ce qui, en retour, lui permet de stipuler une plus forte indemnité.

Il est loisible à un simple mandataire salarié de faire la part plus belle que d'ordinaire à son mandant, de donner dans sa gestion plus de place à l'amitié, au désintéressement, en augmentant ses risques, sans forcer proportionnellement le chiffre des honoraires.

Si l'exécution du mandat est divisible, et s'il y a dans le mandat quelques parties qui ont été convenablement administrées, le mandant ne peut refuser à son délégué, une partie proportionnelle de son salaire, sous prétexte qu'une partie du mandat a été mal gérée. Il est bien entendu que, tout en tenant compte de la part de salaire gagnée, afférente à la partie du mandat dont la gestion a été bonne, le mandant conserve le droit de se faire indemniser des fautes commises par ce dernier, et de compenser la réparation qui lui est due, avec les honoraires dont il est lui-même débiteur.

Si l'exécution du mandat est indivisible, la faute du mandataire, rendant défectueux l'ensemble de cette exécution, lui enlève tout droit à une rétribution quelconque. Ainsi, un commissionnaire, chargé d'acheter des blés et de les envoyer par un navire désigné, réalise l'achat et charge les blés sur un autre navire qui sombre en mer. Outre la responsabilité qui vous incombe pour violation du mandat, il ne vous reste aucun droit à la partie de salaire que vous aviez gagnée en achetant les blés.

Le mandant doit-il faire raison à son représentant du salaire que celui-ci a payé à un tiers qu'il s'est substitué? Oui, si en se substituant le tiers, le mandataire n'a fait qu'user d'un droit reconnu dans sa procuration. Non, si la substitution n'était pas permise, et que le mandataire ait, par mollesse, par inexpérience ou pour toute autre cause répréhensible, pris un gérant à ses risques et périls.

Les honoraires sont-ils dus dans le cas où la force majeure met obstacle à la réalisation d'un mandat salarié?

Prenons d'abord le cas où la force majeure survient avant tout commencement d'exécution. Tout tombe à la fois dans cette hypothèse : obligations et droits du mandant, obligations et droits du mandataire. Je vous charge de m'acheter la récolte d'un propriétaire. Une inondation arrive, qui, dans sa marche désastreuse, anéantit avec bien d'autres les récoltes que vous deviez acquérir. Cet épouvantable sinistre vous délie de vos obligations vis-à-vis du mandant, comme il le dégage lui-même de tout devoir envers vous.

Que résoudre au cas où un professeur de Droit, dont le traitement est annuel, est forcé par la maladie d'abandonner sa chaire plusieurs années consécutives? M. Troplong veut que son traitement lui soit exactement payé, que ses honoraires ne soient pas atteints par cette force majeure. Cette solution se recommande plus, ce semble, par un grand fonds d'humanité, que par son harmonie avec les principes de notre contrat et spécialement de l'article 1991. Certes, je ne doute pas qu'une pratique constante, dans l'hypothèse spécialement prévue ici, ne réprouve, et à bon droit, la rigueur inhumaine de ceux qui prétendraient refuser leurs honoraires, le nécessaire parfois, à ces hommes, que les jurisconsultes romains trouvaient trop haut placés pour demander jamais, et dont la dignité était telle, qu'on leur laissait, comme à regret, le droit de prendre ce qui leur était spontanément offert.

Mais, si nous nous en tenons à la logique inflexible d'une théorie uniquement fondée sur les principes, il faut refuser au professeur malade les honoraires qu'il n'a pas gagnés. Si, retenu dans son lit, miné par un mal qui absorbe tous ses instants et le réduit à la plus complète inaction, il ne peut, pendant plusieurs années, remplir tant bien que mal ses éminentes fonctions, on pourrait, je ne dis pas on devrait, être rebelle à toute réclamation de sa part.

En résumé, M. Troplong à mille fois raison devant l'équité et l'humanité, mais il a tort devant le texte de la loi et devant ses principes. *Durissima lex, sed lex !*

La force majeure n'est survenue, nous le supposons, qu'après un commencement d'exécution du mandat. Vous avez fait d'actives démarches pour remplir les volontés du mandant. Vous avez embauché des ouvriers pour faire la moisson ; peut-être avez-vous dû faire des avances, payer une partie du salaire. Arrive un fléau qui emporte les récoltes sur pied. Toutes les suites de ce désastre accablent le mandant seul ; il ne lui reste plus rien de son bien, et il doit, en outre, rembourser au mandataire, tout ce qu'il a payé en suivant les instructions du mandat.

Dans une troisième espèce, c'est le mandataire qui est personnellement frappé par la force majeure. Les lois romaines (L. 1, § 13, D., *de extraord. cognit.*; L. XXXVIII, *cod, Loc. cond.*; L. 11, Code, *de condic. ab causam datam*), enseignent que si l'honoraire a été payé, il ne saurait être répété. Cette solution paraît à beaucoup d'auteurs, favorable sous l'empire du Code. On comprend, en effet, combien serait déplacée cette revendication pécuniaire, contre un homme dont votre argent ne paie d'ordinaire que très imparfaitement les services.

Mais cette solution doit être expressément limitée au cas précis de répétition, et ne pas être étendue au cas où il n'y a rien encore de payé. Car les raisons que nous venons d'invoquer en sa faveur, pour repousser toute demande en répétition d'honoraires payés, peuvent se retourner contre le mandataire qui prétendrait réclamer le paiement de services qu'il n'a pas rendus. Serait-ce donc un mandataire que ce solliciteur hardi qui en veut à votre bourse, alors qu'il n'a rien fait pour vous servir et vous obliger? Admettre de pareilles demandes, ce serait ravaler le mandat au-dessous du contrat de louage : l'artisan le plus humble, qui ne travaille que pour de l'argent, sait qu'on ne lui doit que ce qu'il gagne à la sueur de son front, et ne réclame sa paie que sa journée finie.

Cependant, si le service à rendre a été en partie préparé par des actes profitables au mandant, le mandataire sera certainement fondé à demander une indemnité proportionnelle au temps qu'il a consacré à son mandat. Ainsi devra être admise la demande d'un précepteur qui a entrepris l'éducation d'un jeune homme et est tombé malade au cours de sa mission. Mais, je crois qu'on devrait repousser sans hésitation l'action des héritiers d'un peintre qui devait faire votre portrait, et que la mort a surpris tout au début de son travail. Vous n'avez, en effet, retiré aucun profit de l'ébauche que le peintre a laissée sur son chevalet.

Quid au cas où la force majeure atteint le mandant? Reprenons notre dernier exemple : la mort vous frappe avant que l'œuvre à peine ébauchée puisse être finie. Dans cette hypothèse, le peintre a droit à une indemnité, dont le chiffre sera proportionné à la somme de travail accompli.

Enfin, que déciderons-nous si le mandant révoque sa procuration sans motif légitime? Si le mandat est révoqué *ab ovo*, avant tout commencement d'exécution, pas d'action possible contre le mandant. Mais, si le mandat a été entamé, il devra une indemnité proportionnelle. (Dalloz, *mand.*, n° 346; Troplong, n° 662.) Il ne sera pas tenu de payer la totalité des honoraires, car, lui imposer une telle obligation, ce serait paralyser, dans une certaine mesure, son droit de révocation. Le mandataire pourrait valablement stipuler que les honoraires lui seront dus en entier en cas de révocation.

Revenons à l'obligation imposée au mandant par l'article 1999, de rembourser les frais et avances que celui-ci a faits pour l'exécution de son mandat.

Ce n'est pas seulement ce que le mandataire a avancé directement, personnellement, c'est encore ce qu'un tiers a dépensé pour exécuter le mandat au nom du mandataire, que le mandant est tenu de rembourser.

J'ai, par exemple, été chargé de cautionner Primus. Le créancier de celui-ci intente des poursuites contre moi. Secundus, mon gérant d'affaires, pour me libérer de mon cautionnement, paie votre créancier. J'ai l'action de mandat pour répéter de vous cette somme, dont j'ai moi-même à tenir compte à mon gérant d'affaires.

Faudra-t-il accorder encore l'action de mandat pour réclamer le montant du cautionnement, si notre créancier m'en a fait la remise? Il faut distinguer. Si le créancier a voulu me faire personnellement une libéralité, et que par suite de cette libéralité vous vous trouviez indirectement libéré, j'ai contre vous l'action de mandat, pour me faire rembourser le montant de votre libération.

Mais si le créancier ne déclare pas que la remise est faite en faveur de la caution seule, et s'il ne ressort pas clairement des circonstances de la cause que c'est en faveur du seul mandataire que la remise du cautionnement a été consentie, on devra étendre au mandant le bénéfice de cette libéralité.

Pour avoir droit au remboursement de ses frais et avances, il faut que le fondé de pouvoirs ait agi avec bonne foi et par nécessité, ou tout au moins par utilité. Cependant les dépenses même voluptuaires doivent lui être comptées, s'il les a faites sur l'ordre du mandant.

L'article 1000 porte que les frais doivent avoir été faits « pour l'exécution du mandat », *ex causâ mandati.*

Il a été jugé en ce sens qu'une personne, qui a reçu mandat de prêter à un tiers et qui avait elle-même volontairement fait des avances à ce tiers avant le mandat, ne peut réclamer ces avances au mandant, parce qu'il ne les a pas faites en vertu de sa procuration.

Notre article, dans sa partie finale, dit que l'action en remboursement est fondée « s'il n'y a aucune faute imputable au mandataire », et que « le mandant ne peut se dispenser de faire ces remboursement et paiement, lors même que l'affaire n'aurait pas réussi, ni faire réduire le montant des frais et avances, sous le prétexte qu'ils pouvaient être moindres. »

Cette règle était également admise chez les Romains. C'est, du reste, un principe de bon sens et d'équité. Vainement le mandant objecterait-il qu'il aurait pu personnellement gérer

l'affaire à meilleur compte. Que ne le faisiez-vous, lui répon-
dra-t-on ? Pourquoi, au lieu de mettre dans la balance votre
activité, votre expérience personnelle, avez-vous confié vos
intérêts à un tiers honnête, scrupuleux, actif, mais qui, tout
en faisant de son mieux, n'a pu faire aussi bien que vous?

Les parties peuvent, par la convention, déroger à l'article 1000, admettre, par exemple, que le mandataire devra
imputer les déboursés sur son salaire, et qu'il ne recevra
pour le tout qu'une somme fixe, ou même qu'il ne sera aucunement remboursé. Dans ce dernier cas, il faut que l'intention du mandant de faire une libéralité au mandataire ne
soit pas douteuse.

Enfin l'article 1000 est sans application au cas où la loi
a fixé elle-même le montant des dépenses à allouer pour tel
ou tel acte, et où le mandataire a excédé cette dépense. Il a
été jugé, avec la sanction de la Cour suprême, qu'un notaire,
qui avait, en qualité de mandataire, payé un droit exagéré
pour radiation d'inscriptions frappant les biens du mandant,
ne devait être remboursé que de ce qu'il suffisait de payer.
(Cassat., 10 janvier 1831.)

Le mandataire est tenu de justifier des avances qu'il réclame à son mandant ; cette justification se fait par tous les
moyens de preuve usités dans notre Droit.

Nous devons faire observer, en dernier lieu, que le mandataire peut, en principe, se refuser à avancer les fonds nécessaires à l'accomplissement du mandat. L'obligation dont est
tenu le mandant, de faciliter l'exécution de la procuration,
implique, comme conséquence favorable au mandataire, la
faculté pour ce dernier de ne pas se mettre à découvert dans
tous les cas où, sans compromettre le succès de la gestion, il
peut requérir du mandant les sommes qu'il ne veut pas avancer. Paul, dans la loi VI, D., *mand.*, avait formellement
établi cette règle, que nos législateurs lui ont empruntée.

L'action contraire de mandat n'est pas protégée par un droit de rétention. Il y a même raison de décider ici, comme dans le cas où le mandataire réclame son salaire, qu'à défaut de texte ou de convention expresse, rien n'autorise à accorder au mandataire un droit exceptionnel de rétention.

De même, en règle, cette action dirigée par le mandataire, en vue du remboursement de ses frais et avances, n'est pas privilégiée. Toutefois, l'article 2102-3° C. C. déclare privilégiés les frais faits pour la conservation de la chose. Donc, pour toutes les réclamations fondées sur ce motif exceptionnellement favorable, on accordera au mandataire un privilège sur cette chose, jusqu'à concurrence de ses frais de conservation. Mais, en dehors de ce cas privilégié, nous retombons sous l'empire du droit commun.

L'article 2001 fait courir de plein droit, les intérêts des avances faites par le mandataire, à dater du jour de ces avances. Cette règle, que nous avons déjà rencontrée, dans la législation romaine (mand., D., L. xii, § 6 ; Code, L. t, eod), est éminemment équitable. Car, ou bien le mandant a été obligé d'emprunter à intérêts, ou bien, en prenant les avances sur ses propres fonds, il n'a pu faire de son argent un placement utile, ce dont on lui doit réparation.

Il est bien entendu que le but de la loi est de dédommager le mandataire et non pas de l'enrichir. Mais d'abord, que doit-on entendre par avances, dans le sens de notre article ? Limiterons-nous la portée de notre règle à ce que nous appellerons des avances proprement dites, des débours, des sommes effectivement payées ? Non. Il nous paraît certain que le mandataire fait également une avance, du jour où il consigne dans ses caisses et retire du mouvement de ses affaires une somme, afin de la tenir à la disposition du mandant. Il a été jugé, en ce sens, que le mandant doit les intérêts à partir du jour où le capital a été mis à sa disposition, et non pas seulement du jour de l'emploi de ladite somme. (*Requête,* 31 décembre 1845, Dall., P. 47,4, 307.)

On ne devrait pas considérer comme avances l'emprunt, que le mandataire se fait à lui-même sans nécessité, alors qu'il a dans les mains des valeurs liquides appartenant au mandant, et qu'au lieu d'employer ces valeurs à libérer le mandant, il s'est servi de ses propres fonds. Mais si les valeurs dont dispose le mandataire ne sont pas liquides, que doit-on résoudre ?

Un exemple nous permettra de mieux préciser : J'ai chargé une personne de vendre mes vins pour payer mes créanciers. Au lieu de vendre mes vins, elle paie mes dettes de ses deniers ? A-t-elle droit aux intérêts de ses déboursés ? Les circonstances de la cause éclaireront le débat, et c'est d'après les faits que le juge devra se prononcer.

S'il est établi que le mandataire pouvait réaliser, et ne l'a pas fait, précisément dans le but de tirer parti de ses fonds, cette manœuvre est déloyale ; il n'aura pas droit aux intérêts de ses avances. Mais si, au moment où il fallait payer vos créanciers, le marché des vins était déplorable et qu'il ait préféré, au lieu de s'en défaire dans de très-mauvaises conditions, vous avancer les fonds nécessaires, il aura certainement le droit d'invoquer le bénéfice de l'article 2001.

Il est à peine besoin d'observer que le mandataire doit faire la preuve de ses avances et en fixer l'époque précise. Le taux de l'intérêt auquel il a droit est le taux légal : cinq pour cent au civil, six pour cent au commercial. La Cour de Cassation a admis que, dans un mandat qui a un caractère commercial, les intérêts doivent être accordés à raison de six pour cent, alors même que le mandant n'est pas négociant. (18 février 1836.)

L'article 2000 traite des pertes que le mandataire a

essuyées à l'occasion de son mandat. Ce texte complète les dispositions de l'article 1999.

On sait quelles subtiles distinctions les jurisconsultes romains avaient établies entre les pertes dont le mandat avait été la cause directe et celles qu'il avait indirectement occasionnées. Cette distinction a été repoussée par les rédacteurs du Code, qui, pour détruire tout équivoque, ont précisément parlé des pertes dont le mandat a été l'occasion.

Néanmoins, notre article prend soin de s'en expliquer formellement ; il ne faut pas que ces pertes soient la suite d'une imprudence imputable au mandataire. Si, par exemple, dans un voyage entrepris pour l'exécution du mandat, je prends, sans y être forcé, une voie dangereuse, au travers d'une forêt où je suis dépouillé par des voleurs, non-seulement je n'aurai rien à prétendre, mais mes mandants pourront me demander compte de tout ce que mon imprudence leur a coûté.

Aux termes de l'article 2012, il existe un lien de solidarité au profit du mandataire contre les personnes qui l'ont chargé d'une affaire commune. Cette disposition n'est point en contradiction avec celle de l'article 1995 ; les raisons de ces deux solutions contraires sont, en effet, faciles à saisir, et toutes deux ont été inspirées par l'équité même. Les co-mandataires rendent ensemble un service ; l'équité voulait qu'on n'aggravât pas leurs obligations en les rendant solidaires les uns des autres. Les co-mandants reçoivent un service en commun ; il est naturel que le mandataire, qui les oblige tous, ait contre eux un recours solidaire pour être plus sûrement indemnisé.

L'article 2012 ne distingue aucunement entre le mandat salarié et le mandat gratuit. M. Duranton, tout en s'inclinant devant la volonté formelle du législateur, aurait trouvé plus équitable de réserver cette garantie exceptionnelle au mandataire gratuit, et d'appliquer la règle commune au mandat

salarié. M. Troplong s'élève contre cette critique, et il justifie
en ces termes le système du Code : « La loi ne distingue pas
et n'a pas dû distinguer.... Le mandat, bien que rétribué par
un honoraire, conserve un élément de gratuité qui empêche
qu'on ne le confonde avec les contrats intéressés de part et
d'autre. L'honoraire ne dispense pas le mandant des sentiments dans lesquels la solidarité vient chercher sa confirma-
tion et son appui. » Cette réplique me paraît sûre.

La solidarité s'applique, en général, pour tout ce qui est
dû au mandataire, déboursés, avances, pertes, salaires, etc.,
en un mot, elle comprend, d'après le texte même, « tous les
effets du mandat. »

Pour que la solidarité existe entre mandants et que l'article 2002 reçoive son application, deux conditions sont exigées : Il faut que le mandataire ait été constitué par plusieurs
et que l'affaire leur soit commune. Si l'une de ces deux conditions essentielles fait défaut, l'article 2002 est inapplicable.

Ainsi, si chaque mandant a donné un mandat distinct pour
une même affaire, le mandataire commun ne pourra demander
à chacun qu'une indemnité proportionnelle à leurs intérêts
respectifs dans l'affaire commune. De même l'article 2002 ne
vise pas le cas où le mandataire a reçu un pouvoir de plusieurs mandants, par un acte unique, mais pour des affaires
communes. Peu importe, d'ailleurs, la forme dans laquelle
le mandat a été donné par plusieurs; qu'il soit authentique
ou privé, exprès ou tacite, il entraîne la solidarité contre les
co-mandants, par cela seul qu'il réunit les deux conditions
ci-dessus exprimées.

L'action contraire de mandat n'est pas la seule garantie
qui puisse assurer au mandataire le recouvrement de ce qui
lui est dû. Il en est d'autres dont il ne doit pas la jouissance,
à son titre même de mandataire, mais qui lui appartiennent
à raison de certaines situations privilégiées par la loi.

Pour être plus exact, l'action contraire de mandat est, dans certains cas exceptionnels, doublée d'un privilége et d'un droit de rétention.

Tel est le cas où le mandataire réclame le remboursement de frais faits pour la conservation de la chose du mandant. Nous avons déjà touché ce point, et nous avons observé que le privilége, que l'article 2003 reconnaît au mandataire et, en général, à toute personne pour frais de conservation, devait être restrictivement appliqué. C'est pourquoi nous croyons devoir le refuser au mandataire qui réclame des frais, non de conservation, mais d'amélioration de la chose.

Il faut reconnaître un privilége contre les tiers et un droit de rétention contre le mandant, au mandataire qui se trouve dans le cas prévu par l'article 2102-6°, c'est-à-dire qui a payé à l'occasion du mandat, des frais de transport et autres accessoires, pour la chose voiturée.

DES EFFETS DU MANDAT A L'ÉGARD DES TIERS

I. — *Entre le mandataire et les tiers*. — Nous avons vu les jurisconsultes romains, aux prises avec le principe si funeste aux transactions, de la non - représentation du mandant par son mandataire. Nous avons dit comment, à l'aide de tâtonnements, par des progrès timides, par des circuits d'actions, dont nous avons observé le mécanisme, ils avaient fini par substituer à la règle primitive le principe de la représentation, qui était, sinon en droit, du moins en fait, la véritable règle de la matière, dans la dernière période de la législation romaine.

Nos législateurs ne s'arrêtèrent pas à ces subtilités de procédure, qui pouvaient conduire plus ou moins sûrement à la vérité, mais qui n'étaient pas la vérité même. Ils proclamèrent le principe de la représentation du mandant par son fondé de pouvoirs.

Dans la loi du Code, le mandataire n'est qu'un instrument passif, un dédoublement de la personne du mandant.

Seul, le mandant reste en présence des tiers; c'est lui qu'ils ont vu dans la personne de son mandataire; c'est lui, à vrai dire, qui a traité avec eux : *qui mandat, ipse fecisse videtur*. La responsabilité du mandataire est nulle; celle du mandant est entière; celui-ci est tout, l'autre n'est rien.

Mais le mandat ne se présente pas toujours sous ce même aspect, et les responsabilités ne sont pas constamment réparties de la même manière. Pour que le rôle du mandataire se borne à une entremise sans danger pour lui, pour rester simple médiateur irresponsable, il doit remplir les conditions prescrites par l'article 1997 : agir en qualité de mandataire, *procuratorio nomine*; et donner aux tiers une suffisante connaissance de ses pouvoirs.

L'utilité de cette dernière prescription est manifeste. Le mandataire ne représente son mandant que dans la limite de sa procuration; le silence dans lequel se renfermerait le mandataire, ou les affirmations qu'il se contenterait de donner aux tiers seraient, pour ceux-ci, une source de continuelles déceptions. Il est tout naturel que, se trouvant en présence d'une personne irresponsable, ils veuillent connaître l'étendue de ses pouvoirs, du crédit que le mandant lui a ouvert.

Mais, comment saura-t-on si la connaissance donnée aux tiers est ou n'est pas suffisante?

On reconnaît généralement qu'un mandataire, qui a traité avec un tiers en cette qualité, est présumé avoir communiqué ses pouvoirs, et que c'est au tiers à prouver qu'il n'en a pas eu connaissance. Mais cette présomption est loin d'être invincible, et elle ne doit recevoir son application que dans le cas où les faits de la cause sont insuffisants pour éclairer le débat. Nous croyons ne devoir reconnaître ici d'autre règle, d'autre loi, que la décision souveraine du juge, devant lequel la question est débattue. Il paraît impossible d'admettre, comme le veut M. Dalloz, que si des faits insignifiants constatés par le juge étaient admis comme détruisant la présomption suivant laquelle le tiers est censé avoir connu le mandat, la Cour de Cassation devrait réformer cette décision. Si le juge avait refusé, en principe, au mandataire le bénéfice de notre présomption, et avait prétendu l'obliger à prouver qu'il a donné communication aux tiers, au lieu de mettre la preuve contraire à la charge des tiers, je comprendrais que ce renversement des rôles constituât un vice de cassation, une violation de la règle, *ei qui dicit, incumbit onus probandi*. Mais, du moment où le juge, tout en réclamant des tiers la preuve de leur ignorance, a reconnu que la preuve était faite, la Cour suprême ne peut pas s'élever contre cette appréciation souveraine des faits.

Le principe d'après lequel le mandataire n'est tenu d'aucune garantie envers les tiers, auxquels il a donné connaissance de ses pouvoirs, ne fait pas obstacle à ce qu'il s'oblige envers eux, lorsqu'il ajoute son engagement personnel à celui de son commettant. L'article 1997, dans sa partie finale, prévoit expressément ce cas.

La situation du mandataire qui, au lieu d'agir en cette qualité, s'est présenté au tiers comme unique contractant, est radicalement changée. Au lieu d'être un intermédiaire neutre, passif, irresponsable, il se trouve engagé dans les liens du contrat qu'il a passé en son nom. De mandant, il n'en est pas question. Les tiers ne le connaissent pas; c'est le mandataire qui les a obligés et qui s'est obligé envers eux.

Il importe de ne pas oublier que cet effacement complet, cette annihilation de la personne du mandant, n'existe qu'à l'égard des tiers. Mais celui qui a traité avec eux n'en est pas moins resté vis-à-vis du mandant, un mandataire tenant son rôle de la procuration, et responsable à ce titre de tout ce qu'il fera en violation de ce mandat.

Les mandataires, qui agissent en leur propre nom, ne sont pas pour cela seulement des mandataires infidèles, car cette dissimulation de la qualité de mandataire peut être et est souvent concertée entre le mandant et son chargé de procuration. Il existe, en effet, de nombreuses combinaisons, de nature à exiger que le mandant reste caché pour les tiers. Dans le contrat de commission, par exemple, nul n'ignore les avantages que peut trouver le commettant à masquer ses opérations derrière un commissionnaire. En détournant l'attention de sa personne, et faisant agir par-dessous main, il écartera les compétitions que son intervention directe aurait pu soulever. On le savait habile, prudent, heureux dans ses entreprises; on aurait épié ses démarches, entravé ses desseins. Il a donc tout intérêt à agir avec mystère.

Puis, les tiers qui connaissent le commissionnaire préféreront parfois n'avoir affaire qu'à cette personne qui leur est connue, qui leur offre des garanties, qu'à un inconnu, un étranger peut-être, qui habite en pays éloigné, et dont il serait difficile d'apprécier la solvabilité, de discuter les biens, etc.

Mais la règle qui oblige, à l'exclusion du mandant, le mandataire traitant en son propre nom, ne doit-elle pas être écartée, lorsqu'il est manifeste que l'affaire se traitait pour le mandant, et que les tiers étaient au courant des rapports qui unissent le mandataire et le mandant?

Pothier a, sur ce point, une doctrine qui semble bien difficile à justifier. (*Mand.* n° 88.) Il dit : « Le mandataire est obligé principal, puisqu'il a donné son nom, mais il oblige son mandant conjointement avec lui. » De deux choses l'une : ou bien les tiers ont traité avec vous en qualité de mandataire, et vous n'êtes pour rien au contrat; ou bien ils ont suivi votre foi, et, en contractant avec vous, en votre nom, ils n'ont pu engager votre mandant. Donc, l'un ou l'autre, du mandant ou du mandataire, est seul obligé, mais une obligation conjointe ne se comprend pas, si ce n'est dans l'espèce prévue par la partie finale de l'article 1007, celle où le mandataire, traitant en cette qualité, s'est personnellement soumis à une obligation, à laquelle il est étranger à défaut de convention expresse.

M. Troplong tient, qu'il est des cas où le mandant est obligé, alors même que le mandataire a traité en son nom personnel, et que tout doit se passer comme si les tiers avaient directement traité avec le mandant. « Pour que cette qualité de mandataire lui soit imprimée dans ses rapports avec les tiers, il n'est pas absolument nécessaire qu'elle ressssorte des mots. Le nom du mandant peut s'attacher à l'acte par des circonstances de fait, par une certaine publicité de position, que les Tribunaux doivent apprécier avec équité, et c'est ce que Casaregis lui-même enseigne formellement. (Disc. 43).

Nous observerons ici que, si le mandant, dont le représentant a contracté en son propre nom, n'a pas, en règle générale, d'action directe contre les tiers avec lesquels il n'a pas personnellement traité, il peut exercer contre eux les actions de son représentant, en vertu de l'article 1166, de même que les tiers peuvent l'atteindre indirectement en exerçant celles que le mandataire a contre lui.

Un mandataire traite avec un tiers dont il est déjà le débiteur, il lui vend vos marchandises, et ce tiers oppose la compensation. Au premier abord, cette prétention semble injuste, et la compensation paraît devoir être repoussée. Mais, pour peu que l'on examine le fond des choses, on voit qu'il serait inique de ne pas admettre la compensation. Le créancier de votre mandataire a cru que ces marchandises étaient sa propriété; peut-être a-t-il fait marché à des conditions

onéreuses pour lui, se disant qu'après tout, en compensant sa
dette et sa créance, il n'aurait rien à débourser. Et voilà
qu'un étranger au contrat, dont rien n'a révélé les droits,
vient se dire propriétaire de ces marchandises et en réclamer
le prix. Mais on lui répondra avec raison qu'on n'a pas affaire
à lui, que le mandataire était aux yeux des tiers le véritable
propriétaire des choses vendues, par suite le créancier apparent
du prix de ces marchandises, et que, par conséquent, la compensation a pu avoir lieu. (Art. 1289.) Une convention
secrète, *res inter alios acta*, ne peut altérer ce droit.

Les raisons que nous venons d'exposer nous paraissent
aussi décisives en Droit civil qu'en matière commerciale. Nous
nous croyons donc autorisé à repousser l'opinion de MM. Delamarre et Lepoitvin, qui déclarent adopter la solution que
nous avons admise, en Droit commercial, et la disent mal
fondée en matière civile.

On a agité la question de savoir si un commissionnaire est
libre, en révélant ou en cachant le nom de son commettant,
de modifier par son fait les droits et les obligations de
celui-ci? De la définition que l'article 94 C. Com. donne
du contrat de commission, il faut tirer cette conséquence,
que le commissionnaire, devant agir en son propre nom, doit
laisser dans l'ombre celui de son mandant. Et la pensée du
législateur était si arrêtée, que l'article 55 du projet de Code
de Commerce interdisait expressément au commissionnaire de
faire connaître le nom de son commettant. Cette disposition
ne se retrouve pas en propres termes dans le Code, mais elle
est implicitement admise dans l'article 94 C. Com., et, du
reste, formellement consacrée par les usages commerciaux.

Cette règle subit, en matière de contrat d'assurance, une
importante dérogation. L'assureur, qu'un sinistre oblige à
payer le montant d'une assurance, peut forcer le commissionnaire à nommer son commettant. Cette exception est néces-

sitée par la nature même du contrat d'assurance. L'assurance est un contrat aléatoire, mais ce n'est pas un jeu, un pari. Or, si le commissionnaire pouvait se refuser à nommer le commettant, le véritable assuré, il serait bien facile de faire dégénérer l'assurance en gageure illicite. J'apprends qu'un navire est parti d'Australie; sans mandat aucun, je prends une assurance sur ce navire. S'il arrive à bon port, j'aurai perdu le coût de la prime; s'il fait naufrage, j'aurai gagné le montant de la valeur assurée. Ainsi, de même qu'à l'origine, la sûreté des transactions a permis, nécessité peut-être une dissimulation momentanée, de même un intérêt non moins grand exige actuellement que la réalité remplace la fiction, et que l'assuré véritable se révèle aux assureurs.

Pour écarter de sa commission toute idée de spéculation illicite, de pari sur fortunes de mer, le commissionnaire doit prouver que celui pour lequel l'assurance était con-tractée, était propriétaire de la chose assurée, ou du moins qu'il y avait un intérêt susceptible d'assurance. Il doit encore établir que c'est par ordre, sur un mandat exprès ou tacite, qu'il a contracté l'assurance, ou que tout au moins sa démarche a été ratifiée en temps utile par son correspondant. Par ratification en temps utile, il faut entendre une ratifica-tion intervenue avant l'arrivée du sinistre; on ne saurait vali-der une ratification faite, pour les besoins de la cause, après le naufrage du navire.

La révélation du nom du commettant modifie du tout au tout la situation respective des parties au contrat d'assu-rance. Le commettant, véritable assuré, prend le premier rang dans le contrat, et relègue derrière lui le commission-naire. Il peut attaquer directement les assureurs et se faire payer le montant de la police. Ce serait toutefois une grave erreur de considérer le commissionnaire comme n'appartenant plus au contrat qu'il a conclu. Il reste tenu, non plus seul, mais conjointement avec l'assuré, qui par sa nomination *accumulatur ipsi contractui*, suivant l'expression de Casaregis (disc. 5, n° 26,) de toutes les obligations acceptées par la police. Toutes les obligations, découlant dans le passé du contrat d'assurance, restent intactes contre lui. Mais, pour l'avenir, dès qu'il a mis en présence les assureurs et le véritable assuré, son mandat est accompli.

On s'est demandé si le commissionnaire avait quand même le droit de toucher l'indemnité et si, sous le prétexte qu'ils ont traité avec lui *ab initio*, les assureurs peuvent compenser les créances qu'ils ont contre le commissionnaire, avec ce qu'ils doivent pour prix de l'assurance? Cette double question doit être négativement résolue. La révélation de la personne assurée opère rétroactivement. Le commettant est censé avoir toujours eu droit à l'indemnité, et, par suite, la compensation n'est pas possible, puisqu'il est créancier de l'indemnité, et que le débiteur des assureurs, c'est le commissionnaire.

Les Tribunaux ont constamment jugé dans ce sens. Cependant plusieurs arrêts ont validé le paiement de l'indemnité fait à des commissionnaires, non pas en leur qualité de commissionnaires, mais comme porteurs de la police. La police étant un papier négociable, payable au porteur, c'était à la police en quelque sorte que se faisait le paiement.

II. — *Effets du mandat entre le mandant et les tiers.* — L'article 1008 règle la situation du mandant vis-à-vis des tiers qui ont traité avec le mandataire. Le texte établit deux hypothèses bien distinctes : Il dispose d'abord que le mandant est tenu d'exécuter les engagements contractés par le mandataire, conformément au pouvoir qui lui a été donné ; puis, l'article traite de la ratification des actes accomplis par le mandataire au-delà de ses pouvoirs.

Nous avons peu de choses à dire sur la première disposition de l'article 1008. Dire, en effet, comme nous avons eu à le faire en commentant l'article 1997, que le mandataire est, dans tels ou tels cas, un intermédiaire irresponsable, c'est à dire par contre-coup que si la responsabilité est nulle pour le mandataire, elle est entière pour le mandant; c'est dire que là où le mandataire n'a plus rien à prétendre avec les tiers, c'est le mandant qui reste seul, en leur présence, maître de toutes les actions, esclave de toutes les obligations du contrat.

Nous avons vu quelles conditions devait remplir le mandataire, pour que les tiers n'aient aucun recours contre lui; il fallait qu'il leur eût donné connaissance de ses pouvoirs et qu'il eût agi à titre de mandataire. A ce sujet, nous devons examiner actuellement une hypothèse, dont la solution a provoqué des dissentiments de doctrine. Rappelons d'abord que le mandataire infidèle, qui a acquis en son nom une chose qu'il devait acquérir pour le mandant, devient, malgré sa mauvaise foi, propriétaire de cette chose. Il s'agit de savoir si le mandataire peut être contraint à transférer la propriété de cette chose à son mandant, ou si ce dernier n'a droit qu'à des dommages-intérêts pour l'inexécution du mandat? M. Mourlon (*Répét. écrites, mandat,* 1102) tient pour cette dernière solution. Nous ne croyons pas devoir nous ranger à son avis. S'il est vrai de dire que le mandataire infidèle est devenu propriétaire, rien n'empêche, dans l'espèce, de provoquer une exécution forcée du mandat. « Vous avez voulu acquérir pour vous, lui dira-t-on, mais comme vous deviez acquérir pour moi, je sollicite des juges le transfert sur ma tête de cette propriété, que vous accaparez déloyalement; et, s'il faut user de la force publique pour me mettre en possession de mon bien, prétendez-vous protester contre cet emploi de la force, que votre déloyauté seule a rendu nécessaire? »

Quant aux dommages-intérêts, c'est la dernière ressource des victimes qui ne peuvent obtenir d'autres réparations. Tel n'est pas le cas ici, puisque les juges peuvent me reconnaître propriétaire d'un bien que vous possédez injustement, et que vous vous êtes engagé à me livrer.

Si le mandataire infidèle, propriétaire *hic et nunc*, jusqu'à la revendication du mandant, vend l'immeuble à un tiers de bonne foi, cet immeuble devient la propriété incommutable du nouvel acquéreur, et, dès lors, l'exécution en nature devenant impossible, le mandant en est réduit à une demande en dommages-intérêts.

Quid si au lieu de vendre, le mandataire a donné le bien à un tiers ? Un arrêt de la Cour de Rennes (4 décembre 1837, Dall., *mand.*, n° 249, note 3), va jusqu'à admettre qu'un tiers donataire, qui a connu le vice de l'acquisition de son donateur, est protégé contre tout recours de la part du mandant. Cette jurisprudence nous semble dangereuse au premier chef. Eh quoi! au lieu de livrer à mon mandant une chose que je lui dois, j'en fais donation à un homme qui connaît mon obligation, un complice par conséquent, un acquéreur de mauvaise foi! Et ce donataire, aussi malhonnête que son donateur, pourrait se dire propriétaire à l'encontre du mandant? S'il doit en être ainsi, que l'article 1167 disparaisse de notre Code, qu'on ne dise plus que les actes faits en fraude des droits des créanciers peuvent être révoqués! Mais nous devons aller plus loin, et repousser la prétention d'un tiers, qui voudrait garder un bien acquis de bonne foi, mais à titre gratuit, d'un mandataire infidèle qui aurait dû le livrer à son mandant. L'action Paulienne de l'article 1167 se donne, on le sait, contre le donataire de bonne foi, au profit du créancier, qui prouve le préjudice dont il est victime et l'esprit de fraude chez son débiteur.

Toutefois, il n'est pas inutile de savoir si le donataire est de bonne ou de mauvaise foi, en ce qui touche l'acquisition des fruits; de bonne foi, il garde les fruits retirés de la chose

donnée, jusqu'au jour de la demande du mandant ; de mau
vaise foi, il doit compte de tous ceux qu'il a perçus, même de
ceux qu'il a manqué de percevoir par sa faute.

Si le mandataire vend un objet mobilier qu'il devait me
livrer, je n'aurai de recours contre l'acquéreur, que s'il n'est
pas protégé par l'article 2279, c'est-à-dire, s'il a été complice
de la fraude.

Nous avons dit, à propos de l'article 1997, que le mandant,
en face des excès de pouvoir commis par son représentant,
n'a aucun recours à redouter de la part des tiers. L'article 1998 nous fait savoir qu'il peut, par la ratification,
couvrir de sa propre responsabilité les actes excessifs du
mandataire. Par la ratification, il s'approprie l'acte, l'adopte
et le met au même état que s'il l'avait consenti lui-même.
C'est la règle que les Romains exprimaient en ces termes :
Ratihabitio mandato æquiparatur. (D., *de solut.*, L. XII, § 4.)

La ratification dont parle l'article 1998 n'a aucun rapport
avec celle de l'article 1338. Celle-ci est relative aux contrats et
actes nuls ou rescindables, auxquels on a été partie par soi
ou par ses auteurs. La nôtre concerne spécialement les actes
auxquels on est resté entièrement étranger, par défaut de
pouvoir en la personne du mandataire. Aussi, tandis que
l'article 1338 nous fait soigneusement connaître dans quelles
formes doit être la ratification qu'il a en vue, la seconde
espèce de ratification, dont nous nous occupons actuellement,
n'est-elle assujétie à aucune forme? L'article 1999 le dit en
propres termes : elle peut être expresse ou tacite. Expresse,
elle résulte le plus souvent d'écrits émanés du mandant, tels
que factures, bordereaux, lettres, etc.

Néanmoins, il est reconnu en doctrine, et approuvé par la
jurisprudence, qu'une lettre confidentielle adressée par le
mandant à un tiers, et dans laquelle la gestion du mandataire
est approuvée, ne peut servir de titre ni au mandataire, ni

au mandant, qui voudraient en déduire à leur avantage la ratification des actes excessifs de la gestion.

La ratification est tacite, quand elle résulte manifestement de la conduite du mandant. Ainsi, me trouvant en présence du mandataire alors qu'il exécute son mandat, je le laisse agir sans lui témoigner la moindre opposition. La ratification de ces actes accomplis sous mes yeux n'est pas contestable.

Mais peut-on induire la ratification du silence gardé par le mandant? Oui, certainement. Le législateur n'a pas donné et n'a pu donner la définition de la ratification tacite. Mais il a voulu, à n'en pas douter, que si la volonté du mandant se manifestait clairement, sous n'importe quelle forme, elle fût admise comme une preuve suffisante de ratification. Le juge accueillera moins favorablement une pièce authentique, dont le sens est ambigu, qu'une attitude silencieuse parfois plus éloquente, plus persuasive, que des paroles ou des actes.

Faut-il, pour que la ratification soit valable, que le mandat ait eu connaissance de toutes les circonstances de l'acte sur lequel elle porte? Il faut voir si les circonstances ignorées du mandant sont substantielles ou d'une importance secondaire. Dans le premier cas, si le mandataire n'a pas expliqué qu'il entendait ratifier l'acte tel quel, sa ratification ne porterait pas sur les circonstances essentielles qu'il a ignorées ; si même le juge croit que la connaissance de ce qu'il ignorait aurait retenu le mandant, il écartera la ratification pour le tout.

Si, au contraire, il appert que, vu le peu d'importance des circonstances ignorées, le mandant n'eût pas manqué de ratifier, quand même, la conduite de son fondé de pouvoirs, la ratification comprendra l'acte dans son entier.

La ratification agit rétroactivement. De ce principe, nous tirerons cette conséquence remarquable, que le mandataire a droit aux intérêts de ses déboursés, non du jour de la ratification, mais du jour où ces dépenses ont été faites ; et encore, que les pertes arrivées avant la ratification retombent, après ce fait, sur le ratifiant qui en a eu connaissance.

Mais, a-t-on objecté, du moment que la ratification équivaut à un mandat, n'en résulte-t-il pas que toute gestion d'affaires se transforme en mandat dès l'instant où le maître l'a connue et approuvée, et que, par conséquent, c'est l'action de gestion d'affaires et non l'action de mandat qui doit s'exercer? Telle est, en effet, l'opinion de MM. Delamarre et Lepoitvin. Nous avons déjà vu cette question, dont il nous suffira de rappeler la solution que nous avons ailleurs discutée et raisonnée. La règle de la rétroactivité de la ratification ne s'applique qu'aux cas où elle est nécessaire pour couvrir la responsabilité du gérant. Mais, lorsque l'acte accompli l'a été dans de telles conditions qu'il donne à son agent l'action *negotiorum gestorum,* la ratification est sans effet, et ne convertit pas en action de mandat, l'action de gestion d'affaires qui appartient déjà au gérant.

La ratification peut émaner, soit du mandant lui-même, soit de ceux qui le représentent, s'il est incapable, par exemple, d'un tuteur, d'un mari, soit même d'un autre mandataire revêtu d'un pouvoir spécial. Un mandataire général ne peut ratifier, car la ratification n'est pas un acte de pure administration.

DES DIFFÉRENTES MANIÈRES DONT LE MANDAT FINIT

Il est des modes d'extinction qui se rattachent à l'objet du contrat de mandat ; d'autres à la personne de l'une ou l'autre des deux parties contractantes.

Parmi ceux qui tiennent directement à l'objet du mandat, nous citerons la consommation de l'affaire ; l'arrivée du terme ou de la condition ; la force majeure qui détruit l'objet du contrat.

Des causes qui trouvent leur source dans la personne même du mandant, nous retiendrons les suivantes : la révocation du mandat; la mort du mandant; la cessation de ses pouvoirs; son changement d'état; sa faillite ou sa déconfiture.

Enfin, le mandat prend fin, *a parte procuratoris*, par la renonciation du mandataire au mandat; par sa mort; par son changement d'état; par sa faillite ou sa déconfiture.

Reprenons sommairement ces divers modes d'extinction du mandat :

1° *A parte rei.*—Consommation de l'affaire.—Nous n'avons pas à insister sur ce mode d'extinction si naturel, qu'il porte en lui son explication même. Citons seulement un arrêt de la Cour de Bourges, 19 juillet 1851 (Dalloz, *mand.*, n° 422, note 2), qui décide avec raison que le mandant n'eût-il pas connaissance de l'exécution du mandat, il n'est pas loisible au mandataire d'anéantir, de concert avec la partie adverse, la première opération, pour lui en substituer une nouvelle.

Nous n'avons pas à insister davantage sur la manière dont le mandat prend fin, à l'arrivée du terme ou de la condition. Ce mode d'extinction est commun à tous les contrats.

Observons cependant qu'il est des cas où la procuration n'est pas limitée à un certain temps. En présence de cette incertitude, sur le point de savoir quand et comment cette procuration sera expirée, nous devons reconnaître aux juges un pouvoir d'appréciation souveraine.

Nous ne reviendrons pas sur le cas de force majeure, dont nous avons plus haut exposé les effets avec détail.

2° *A parte mandantis.* — Révocation du mandat. — Cette faculté que les lois romaines reconnaissaient au mandant, les rédacteurs du Code la lui ont également maintenue de la manière la plus complète. Les mêmes raisons, qui avaient déterminé les jurisconsultes de Rome, ont entraîné nos législateurs. Le mandat, redirons-nous, est avant tout un acte de

confiance vis-à-vis du mandataire, et un contrat dans l'intérêt
du mandant. Aussi, dès l'instant où la personne préposée à
vos intérêts n'a plus votre confiance, où l'affaire est en mauvaise voie et menace d'avoir une issue désastreuse, il est juste
de permettre au mandant de conjurer le mal par une révocation prudente du mandat.

D'après l'article 2004, le mandant peut révoquer sa procuration, quand bon lui semble, *ad nutum*. Mais les effets de
la révocation sont différents, suivant qu'elle est intervenue
avant tout commencement d'exécution, ou qu'elle a eu lieu
dans le cours du mandat.

Dans le premier cas, le mandat est mort-né; il est censé
n'avoir jamais existé. Quand, au contraire, la révocation a
surpris le mandataire en pleine exécution du mandat, elle
n'a d'effet que pour l'avenir. Ce qui est fait est irrémissible :
nemo potest condicere factum, disaient les Romains. Mais, dans
l'avenir, elle sort son plein et entier effet ; elle anéantit le
contrat.

La promesse d'un salaire n'est pas un obstacle à la révocation du mandat. Nous avons plus haut étudié la question
de savoir quels droits avait, à son salaire, le mandataire dont
les pouvoirs se trouvaient révoqués par le mandant.

Il est des mandats qui, par exception, sont irrévocables.
Le mandat du *procurator in rem suam* des Romains était irré-
vocable, et la doctrine et la jurisprudence lui ont reconnu
chez nous ce même caractère. Le mandat du *procurator in
rem suam* est, en effet, comme l'indique sa dénomination
même, surtout dans l'intérêt du mandataire ; ce qui explique
pourquoi le mandant est impuissant à le révoquer.

Quand le mandat a été donné par plusieurs pour une affaire
commune, la révocation faite par un seul des mandants est-
elle valable ?

Si l'opération qui fait l'objet du mandat est indivisible,

on comprend que la volonté d'un seul ne soit pas suffisante et qu'il faille le concours de tous les co-mandants, pour valider la révocation du mandat. Mais, si l'affaire est susceptible d'exécution partielle, je crois qu'il faut appliquer la règle commune, et reconnaître à chacun des mandants le droit de révoquer séparément les pouvoirs qu'il a conférés.

L'ancienne jurisprudence admettait la révocation tacite du mandat dans plusieurs cas, notamment, d'après les exemples fournis par Pothier, lorsque le mandant a donné procuration à raison d'un voyage, et qu'il est de retour ; lorsqu'il est survenu une inimitié capitale entre le mandant et son fondé de pouvoirs. Nous devons tenir ces solutions pour exactes, sous l'empire du Code, et ajouter à ces exemples le cas dont parle l'article 2006. La constitution d'un nouveau mandataire pour la même affaire vaut révocation du premier.

Peu importe, en un mot, la forme de la révocation : expresse ou tacite, l'essentiel, c'est qu'elle ne soit pas douteuse. La loi n'exige rien au-delà de cette certitude, et permet de l'établir par tous les moyens de preuve. Nous déciderons que la procuration même expresse peut être tacitement révoquée.

Le cas de l'article 2006, que nous venons d'énoncer comme un exemple de mandat tacite, demande à être bien compris et logiquement appliqué. Il n'est pas toujours exact de prétendre, qu'en se constituant un nouveau mandataire, le mandant a implicitement révoqué le premier. Peut-être n'a-t-il voulu que donner, au premier mandataire, un aide, un remplaçant, au cas où il se trouverait empêché, pour telle cause que ce soit, de remplir son mandat ?

Si la première procuration est un mandat spécial, donnant pouvoir de vendre tel immeuble, ou, en général, de faire des actes de disposition, et que le deuxième mandat soit conçu en termes généraux, ce second mandat ne vaut pas révocation du premier. Il ne renferme pas les pouvoirs compris dans le premier ; il n'est donc pas pour la même affaire et, par suite, il n'infirme pas la première procuration.

Si le premier mandat est de vendre tous les biens du mandant, une seconde procuration de vendre certains de ces biens, révoquerait la première, mais seulement en ce qui concerne les biens dont parle le deuxième mandat. Dans l'hypothèse inverse, il est certain que le second mandat de vendre tous les biens implique forcément la révocation du premier.

Dans le cas où les deux procurations ont été passées au même mandataire, si la deuxième ne diffère pas de la première, elle est inutile, elle ne fait que confirmer la précédente. Si elle contient d'autres clauses, le premier mandat est révoqué, en tant que les clauses du second sont incompatibles avec celles du mandat primitif ; pour le reste, celui-ci tient toujours, comme s'il n'y avait pas eu de nouvelle procuration.

L'article 2006 dit que la constitution d'un nouveau mandataire ne vaut révocation de l'ancien que du jour où elle a été notifiée à celui-ci. Est-ce à dire que cette notification soit nécessaire pour que la révocation soit valable ? Un arrêt de la Cour d'Orléans du 7 juin 1820 (Dalloz, *mand.*, n° 78, note 1), dont la Cour de Cassation a approuvé le sens, semble exiger que cette notification ait lieu, à peine de nullité de la révocation. Si puissante que soit l'autorité de cet arrêt, la doctrine qu'elle consacre nous paraît devoir être énergiquement combattue ; nous croyons que la révocation est valable, tant à l'égard des tiers qu'à l'égard du mandataire, dès qu'on peut établir que le mandataire ou les tiers ont eu, par quelque voie que ce soit, connaissance de la révocation. Nous invoquerons, en ce sens, un arrêt de la Cour d'Orléans, que la Cour suprême ratifia également, et dans lequel il est formellement exprimé que la notification directe au mandataire est inutile, si celui-ci a été instruit autrement de la révocation de ses pouvoirs. (Dalloz, *mand.*, n° 432, note 2.)

Cette doctrine et cette jurisprudence trouvent, du reste, une entière justification dans les textes des articles 2008 et 2009 C. C., qui ne parlent pas du cas où la notification a été faite ou négligée, mais du cas où le mandataire a agi dans l'ignorance de la révocation de ses pouvoirs, et où les tiers ont traité de bonne foi avec lui, c'est-à-dire dans le même état d'ignorance.

Si le mandataire ne tient aucun compte de la révocation, et continue à exécuter le mandat, ou plus exactement, à agir comme si le mandat n'avait pas pris fin, non-seulement il doit réparation de tout le préjudice causé au mandant, mais encore il peut, si la faute commise est assez grave, être privé de tout ou partie de son salaire.

Quant aux tiers qui ont traité avec ce mandataire révoqué, il n'est pas plus nécessaire de leur notifier la révocation du mandat, qu'il n'a paru indispensable de la notifier au mandataire lui-même. L'article 2009 le dit en propres termes : il suffit que les tiers soient de bonne foi. Ce texte est complété par l'article 2005, qui explique que le point essentiel, le *criterium* de la bonne foi des tiers, c'est l'ignorance de la révocation, ajoutons, quand cette ignorance n'est pas inexcusable et mérite protection.

La mort naturelle ou civile du mandant met fin au mandat, d'après l'article 2003. Le mandat étant un contrat officieux, fait *intuitu personæ*, la mort de l'une ou l'autre des deux parties contractantes devait briser ce lien si personnel. Rappelons qu'il ne saurait plus être question dans notre Droit de la mort civile, depuis la loi du 31 mai 1854.

On s'est demandé si les parties pouvaient convenir que le mandat ne prendrait pas fin à la mort du mandant et lierait ses héritiers ? La question ne fait pas doute, et le rôle, que la loi fait jouer aux exécuteurs testamentaires, est la preuve manifeste que les pouvoirs conférés par une personne peuvent s'exercer valablement après sa mort. Il n'est pas d'exemple plus remarquable d'une procuration *post mortem mandantis;* car les fonctions des exécuteurs testamentaires, loin de cesser à la mort de celui qui les a instituées, ne peuvent commencer, au contraire, qu'après son décès.

Si l'héritier du mandant est mineur, le mandat cesse à la mort du mandant, à moins que la procuration n'ait spécialement décidé le contraire. L'héritier, en effet, en la personne duquel le mandant est censé revivre, est mineur, incapable ; c'est comme s'il était survenu une incapacité dans la personne du mandant. (Arrêts, Dall., *mand.*, n° 457.)

S'il a été convenu au contrat que le mandataire pourrait rendre ses comptes à un *adjectus solutionis gratia,* le mandat de celui-ci ne finit pas à la mort du créancier.

Il en est de même du mandat confié à un *procurator in rem suam.* Ce mandat, qui profite surtout au mandataire, ne peut pas, nous l'avons vu, être révoqué du chef du mandant seul ; il est naturel que le décès de ce dernier n'arrête pas la réalisation d'une affaire dont un autre doit avoir le profit.

Le mandat conféré à un prête-nom ne finit pas non plus au décès du mandant. Celui-ci a constitué son prête-nom, maître de l'affaire à l'égard des tiers ; et alors même qu'ils ont connu la qualité de prête-nom de celui avec lequel ils ont contracté, le mandat persiste après la mort du mandant, car ce dernier est présumé avoir voulu, en prenant un prête-nom, que le mandat ne fût pas affecté par sa mort. S'il y a plusieurs mandants pour une même affaire, la mort d'un seul produit le même effet que la révocation des pouvoirs du mandataire faite par un seul mandant. On peut appliquer ici ce que nous avons déjà dit pour le cas de révocation.

Rappelons, enfin, que l'article 1991 fait exception à notre règle, dans le cas où il y a péril en la demeure. En dehors de ce cas exceptionnel, l'article 2008 spécifie que le mandataire peut valablement continuer sa gestion, tant qu'il ignore la mort du mandant. C'est une règle déjà connue.

Le mandat donné par un absent, c'est-à-dire par une personne sur l'existence de laquelle plane un doute sérieux, prend fin par l'envoi en possession provisoire de ses biens ; mais on sait que l'existence d'une procuration, laissée par un absent, retarde cet envoi jusqu'à la douzième année, à partir du jour de sa disparition ou des dernières nouvelles.

Quand le mandant n'est lui-même qu'un mandataire, si ses pouvoirs cessent, par contre-coup, les pouvoirs qu'il a délégués à son propre mandataire cessent incontinent : « *Resoluto jure dantis, resolcitur jus accipientis.* »

Ainsi, un mari, administrateur des biens de sa femme, a confié cette administration à un tiers. Que résoudre au cas où la mort frappe le mari? Il faut distinguer. Le mari avait-il le pouvoir de se substituer un tiers dans la gestion? On décidera que le tiers délégué par le mari a toujours été le mandataire de la femme; que le mari n'a été qu'un *nudus minister,* dont la disparition ne produit aucun effet sur les pouvoirs de ce tiers, qui n'est pas son représentant.

Parmi les causes d'extinction du mandat, l'article 2003 nous cite l'interdiction du mandant. Il ne distingue pas entre l'interdiction légale et l'interdiction judiciaire, entre l'interdiction prononcée pour cause d'insanité d'esprit ou à la suite d'une condamnation.

Si, au lieu d'être interdit, le mandant est simplement placé sous l'assistance d'un conseil judiciaire, pour faiblesse d'esprit ou prodigalité, le mandat donné par lui prend fin, en tant qu'il porte sur des actes, qui ne peuvent être faits sans l'assistance du conseil. Il tient pour les autres actes.

Un raisonnement semblable doit être tenu, au cas où la femme qui a donné mandat vient à se marier. On annulera dans la procuration les pouvoirs qui concernent les actes que, d'après ses conventions matrimoniales, la femme n'a plus le pouvoir d'accomplir elle-même; on laissera à son mandataire la faculté d'exécuter tous ceux que la femme aurait pu mettre elle-même à exécution.

Enfin, l'article 2003 nous signale, comme mettant fin au mandat, la faillite ou la déconfiture du mandant. Ce cas rentre à vrai dire dans le précédent, car la faillite ou la déconfiture constitue celui qui la subit en état d'incapacité; elle le dessaisit de l'administration de ses biens.

III. — *A parte procuratoris.* — Nous retrouvons ici beaucoup des causes d'extinction que nous avons déjà parcourues, et qui sont communes au mandataire et au mandant. Ainsi la mort, le changement d'état, la faillite ou la déconfiture du mandataire, mettent fin au mandat. Tous ces événements, dont les uns supposent la disparition de la personne du mandataire, dont les autres impliquent l'anéantissement de la confiance que le mandant avait mise dans les qualités de son mandataire, devaient, aux yeux du législateur, être considérés comme autant de causes légitimes d'extinction du mandat.

Nous ne dirons qu'un mot sur toutes ces causes d'extinction, ou plutôt sur l'une d'elles, la mort du mandataire. C'est que, d'après l'article 2010, les héritiers du mandataire doivent aviser le mandant du décès de son représentant, et pourvoir, en attendant, à ce que les circonstances exigent pour l'intérêt de ce mandat.

Le seul mode d'extinction du mandat *a parte procuratoris*, qui doive nous arrêter un instant, c'est la faculté de renonciation, que l'article 2003 reconnaît au mandataire, et que l'article 2007 réglemente en ces termes :

Le mandataire peut renoncer au mandat en notifiant au mandant sa renonciation. Néanmoins, si cette renonciation préjudicie au mandant, il devra en être indemnisé par le mandataire, à moins que celui-ci ne se trouve dans l'impossibilité de continuer le mandat, sans éprouver lui-même un préjudice considérable.

Les quelques observations que nous avons présentées, sur ce point, dans notre étude des modes d'extinction du mandat en Droit Romain, pourraient se reproduire ici avec une parfaite exactitude.

La loi xx *deprocur.*, et la loi xxii, § 11, D., *mandati*, avaient spécialement visé le cas dont se préoccupe l'article 2008 ; mais ce n'est là qu'un exemple de la règle générale, qui veut que la liberté de renonciation existe au profit du mandataire, même au préjudice du mandant, si le fondé de pouvoirs peut invoquer une cause légitime de renonciation.

Nous ne pouvons pas dire quelles sont les causes qui légitiment une renonciation, même préjudiciable aux intérêts du mandant. On ne peut embrasser dans une définition de droit toutes ces excuses de fait, sur la légitimité ou l'inanité desquelles le juge prononcera sans recours.

Disons en terminant, avec l'article 2007, qui reproduit la règle de la loi xxv, D., *mand.*, que le mandataire doit faire notifier sa renonciation au mandant. Ici encore, comme pour le cas de révocation *a parte mandantis*, nous croyons qu'il suffit d'établir que le mandant a eu, par une notification ou par tout autre moyen, connaissance de la renonciation, question de fait que le juge appréciera, à son entière discrétion. Il a toute latitude, pour juger légitimes ou mal fondés, les empêchements dont le mandataire se prévaut devant lui.

POSITIONS

DROIT ROMAIN. — I. — Il n'y a pas lieu de distinguer, au point de vue du pouvoir d'aliéner, le *procurator totorum bonorum simpliciter*, du *procurator cum liberâ administratione*. (Contre : loi LXIII, D., *de procur. et defens.* Pour : loi XII, D., *de curat. fur.*)

II. — L'assimilation établie entre les deux espèces prévues au § 8 des *Institutes* de Justinien (*de mandato*, tit. XXVII) et dans la loi XXXIII, D., *mand.*, peut être critiquée.

III. — Le mandataire est tenu de la *culpa levis in abstracto.* (Contre : Ulpien, L. X, pro., D., *mand.* — Modestin, L. II, t. XXX, ch. 2, § 3, *ex collat. leg. Mos. et Rom.* — Pour : L. IX, D.; L. XIII et XXI, C., *mand.* — L. XXIII, D., *de reg. jur.*)

IV. — Quand un mandataire infidèle, au lieu d'acquérir pour le mandant, prétend posséder pour lui, le mandant n'acquiert pas la possession (L. XXXVII, § 6, D., *de acquir. rer. dom.*, 41. 1.) L'opinion contraire d'Ulpien (L. XIII, D., *de donat.*, 39. 5), n'est pas conforme aux principes.

DROIT CIVIL. — I. — Il n'est pas vrai de dire que la loi soumet les procurations pour passer certains actes, aux mêmes formalités qu'elle prescrit pour ces actes eux-mêmes. — Un mandat sous seing-privé suffit pour passer un acte authentique.

II. — Le mandat, pour accepter une donation, doit être reçu en minute.

III. — Le Code admet le mandat tacite.

IV. — La règle de l'article 1882, relative à la responsabilité du commodataire, ne peut être appliquée par analogie, au mandataire même salarié.

V. — Le mandataire doit faire raison au mandant, des profits illicites qu'il a retirés de la chose de ce dernier.

VI.— Le mandataire infidèle, qui acquiert un bien en son nom, peut être contraint non-seulement à payer des dommages-intérêts, mais encore à restituer la propriété de ce bien.

VII.— Si un des donataires, soumis à réduction, est insolvable, la perte est supportée par le réservataire et par les donataires antérieurs.

DROITS COMMERCIAL ET MARITIME. — I. — Le commissionnaire, demeurant ducroire, répond de tous les risques que garantit un véritable assureur.

II. — L'assureur peut exiger, avant de payer le montant des valeurs assurées, que le mandataire, qui a contracté assurance pour compte de qui que ce soit, lui fasse connaître le nom de son mandant.

III. — L'assurance prise sans mandat, même pour le compte de qui que ce soit, est nulle si elle n'est ratifiée par le propriétaire de la chose assurée, avant l'arrivée du sinistre.

IV. — En cas de faillite du tireur, la provision de la lettre de change appartient au porteur.

PROCÉDURE CIVILE. — I. — La caution *judicatum solvi* doit être demandée avant toute exception.

II. — L'article 186 (Proc. civ.), qui dit que « les exceptions dilatoires seront proposées conjointement et avant toutes défenses au fond, » est inapplicable au bénéfice de discussion, accordé par l'article 2021 C. C. à la caution.

DROIT PÉNAL. — Les prescriptions du Code pénal (a t. 62-63) contre les recéleurs doivent être critiquées.

DROIT ADMINISTRATIF. — I. — Les églises ne font pas partie du domaine public.

II. — L'article 538, C. C. comprend à tort, parmi les dépendances du domaine public, les lais et relais de la mer, qui sont du domaine privé de l'État.

Vu par le Doyen, Président de la Thèse,
A. COURAUD.

Vu et permis d'imprimer.
Le Recteur de l'Académie,
J.-M. SÉGUIN.

2513. — Bordeaux. — Impr. centrale A. de Lanefranque, rue Permentade, 23-25.

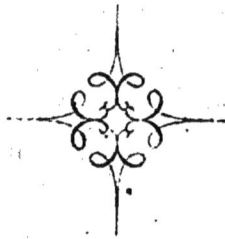

Contraste insuffisant

NF Z 43-120-14

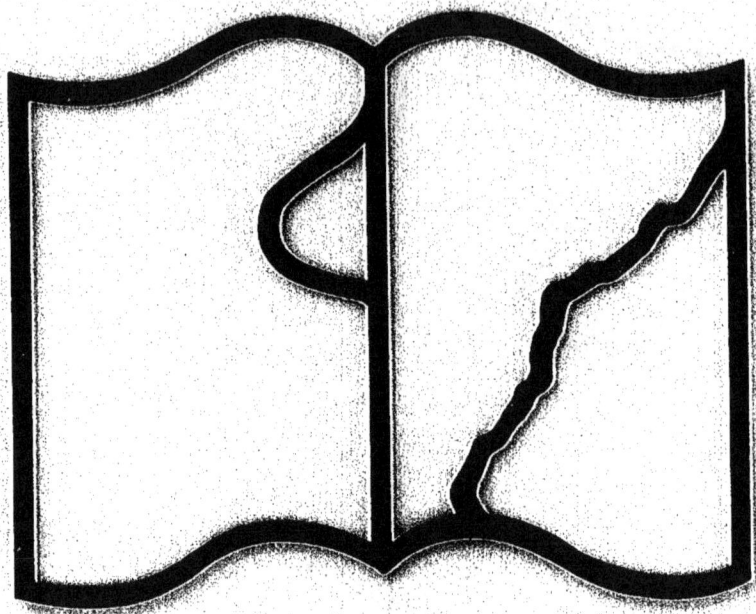

Texte détérioré — reliure défectueuse

NF Z 43-120-11

www.ingramcontent.com/pod-product-compliance
Lightning Source LLC
Chambersburg PA
CBHW070528200326
41519CB00013B/2977